ORIENTAÇÕES PARA
SEU SUCESSO PROFISSIONAL

Valdir Aparecido dos Santos

© Publicado no verão de 2012 pela Editora Isis Ltda.

Supervisor geral:
Gustavo L. Caballero

Revisão de textos:
Gabriela Edel Mei

Capa e Diagramação:
Décio Lopes

Dados de Catalogação da Publicação

Santos, Valdir Aparecido dos
Orientações para seu sucesso profissional / Valdir Aparecido dos Santos | 1ª edição | São Paulo, SP | Editora Isis, 2012.

ISBN: 978-85-8189-002-9

1. Teoria do conhecimento 2. Causalidade 3. Ser Humano I. Título.

Proibida a reprodução total ou parcial desta obra, de qualquer forma ou por qualquer meio seja eletrônico ou mecânico, inclusive por meio de processos xerográficos, incluindo ainda o uso da internet sem a permissão expressa da Editora Isis, na pessoa de seu editor (Lei nº 9.610, de 19.02.1998).

Direitos exclusivos reservados para Editora Isis

EDITORA ISIS LTDA
www.editoraisis.com.br
contato@editoraisis.com.br

ÍNDICE

Prefácio 9

Capítulo 1 – Os Sonhos 11

Capítulo 2 – O Planejamento 17

Capítulo 3 – A Tomada de Decisões 21

Capítulo 4 – Os Estudos 27

Capítulo 5 – A Língua Inglesa 37

Capitulo 6 – A Informática 45

Capitulo 7 – Proatividade 53

Capitulo 8 – Cunhas, Padrinhos e "Q.I" 59

Capitulo 9 – A Política Dentro das Empresas 61

Capitulo 10 – Os Salários 65

Capitulo 11 – A Apresentação Pessoal 75

Capitulo 12 – O Currículo 81

Capitulo 13 – O Estágio 87

Capitulo 14 – O 1º Emprego 101

Capitulo 15 – As Entrevistas 103

Capitulo 16 – Como se Destacar 107

Capitulo 17 – As Decepções 109

6 | Orientações para seu Sucesso Profissional

Capitulo 18 – O Aprimoramento 113
Capitulo 19 – O Trabalho em Equipe 119
Capitulo 20 – O Hábito de Ler...123
Capitulo 21 – A Qualidade 137
Capitulo 22 – A Gestão...155
Capitulo 23 – O Seu Dever...161
Capitulo 24 – Simulação de Situações 163

NOTAS

A maior parte do conteúdo desta obra são informações juntadas e experiências vivenciadas nos trinta e oito anos dedicados às diversas empresas do Brasil. Outras informações foram garimpadas de revistas, jornais e informativos, todas de domínio público; e também, de cursos, palestras e seminários que participei no decorrer do tempo.

Existem algumas informações que são inerentes ao ano que escrevi esta obra, portanto, devem ser observadas prováveis modificações no decorrer do tempo (exemplos: valores em moeda corrente, programas de computador, modelos de currículos, etc.). Sempre que possível, faremos revisões para atualizações destas informações.

Propositalmente não informei quem são os nomes citados no decorrer da obra, visando estimular seu instinto de busca por informações, da mesma forma não explico o significado de algumas palavras.

Valdir Aparecido dos Santos

PREFÁCIO

Saber escolher é fundamental. Escolhemos ter sucesso em todas as fases da vida, e logo cedo aprendemos que o pilar desse sucesso é a vida profissional, ou seja, conseguir um bom emprego.

Seja qual for o entendimento de sucesso, devemos considerar que ele não existiria sem a determinação de cada indivíduo.

O sucesso está diretamente relacionado ao modo como administramos nossas vidas e ninguém poderá fazer por nós, o que só cabe a nós. Devemos nos preparar, nos atualizar, nos dedicar, nos esforçar, e estarmos dispostos a abrir mão de algo e quebrar paradigmas.

Nosso sucesso depende de nossa determinação para conquistá-lo. No entanto, é necessário, antes de tudo, que **saibamos o que realmente desejamos.**

Valdir Aparecido dos Santos

CAPÍTULO 1

OS SONHOS

Para realizar algo é necessário primeiro sonhar, e entre o sonho e a realização, há muitas etapas. Um passo de cada vez é a melhor maneira de ultrapassá-las.

Os sonhos, geralmente, trazem o desejo de mudança para melhor. Quase sempre, a vida apronta das suas, interrompendo a nossa jornada de realização. Não permita que essas interrupções destruam os seus sonhos. Mantenha o foco e comprometimento, pois eles lhe ajudarão a ultrapassar os obstáculos que aparecem durante a trajetória.

Muitos sonhos e desejos de mudanças representam um processo de libertação. Isso ocorre com jovens que optaram por cursos escolhidos por seus pais, mas que os tornam, depois de formados, pessoas sem qualquer tipo de realização. Infeliz; esse profissional trabalha de forma mecânica, e se optar por mudar de emprego, não saberá como se portar e agir, pois por falta de estímulo não se aprimorou e nem expandiu seus conhecimentos na profissão.

Alguns profissionais adoram o que fazem e sentem-se realizados com a sua carreira, mas não gostam das empresas ou organizações nas quais trabalham. Outros têm nas mãos, propostas de trabalho desanimadoras sob a ótica financeira, mas profissionalmente instigantes e sintonizadas com os seus desejos e sonhos. Também, há os desencantados com o que fazem, vivendo confortavelmente com os seus altos rendimentos, mas frustrados profissionalmente.

Precisamos ter perseverança. Ela é a aliada indispensável a qualquer sonho, pois para transpor as muitas barreiras da vida, ela se torna a arma afiada que abrirá os caminhos e que nos manterá em pé, diante de qualquer derrota.

Os sonhos começam a ter maiores possibilidades de realização quando colocamos metas para alcançá-lo, pois exigiremos mais de nós mesmos e assim, certamente atingiremos nossos objetivos. Pessoas que fazem um planejamento e o seguem tem mais chances de alcançar o sucesso.

Sonhos são como referências a médio e longo prazo. Sonhar alto demais pode significar frustração, e sonhar baixo demais é a receita certa para se acomodar. Ficar parado significa nadar contra a corrente expansiva do universo. Em um mundo de mudanças constantes como o nosso, torna-se imprescindível se manter atualizado, assumindo uma postura de eterno aprendiz. Pense de maneira criativa, identificando e eliminando rapidamente as barreiras que reduzem a sua capacidade de agir e decidir. Sem uma aprendizagem contínua, você perderá terreno nesse mundo competitivo e mutante; e fracassará. Certa dose de desafio é essencial para mantermos acesa a chama que nos guiará na direção dos sonhos.

Divulgue seus sonhos para sua família e seus amigos que não te deixarão desanimar e nem perder o foco. Mais esteja preparado para as oportunidades, o profissional também necessita saber, identificar as oportunidades e aceitar seus desafios inerentes. Focar no que é importante, definir um plano de ação e colocá-lo em prática.

Os sonhos também podem ser mudados, afinal, crescemos e amadurecemos tanto pessoalmente como profissionalmente. Assim, na medida em que realizamos um sonho, outro deve tomar lugar. O mesmo vale para os sonhos não realizados, sem esquecer que, se a substituição de sonhos não realizados tornarem-se uma constante, nos tornamos volúveis e vazios, sem rumo. Planejar e fazer acontecer não é algo fácil, e certamente você encontrará vários obstáculos pela frente (preguiça, baixa auto-estima, vários tipos de problemas inesperados, como falta de dinheiro, problema de saúde, etc.). Nestes momentos é importante que você seja persistente e tenha visão de sua carreira.

Planeje sua carreira, mas não se limite a fazê-lo somente no início do ano. Procure repensá-la e planejá-la em intervalos curtos de tempo e se pergunte sempre: "O que eu irei fazer? Quais serão os passos que terei que tomar durante o ano? Como farei, para que o próximo ano seja melhor?". Faça suas escolhas, defina objetivos, estipule novas metas, trace novos caminhos, elabore uma estratégia e siga seus parâmetros estabelecidos com confiança e determinação, procurando não desviar demais do foco preestabelecido. Se não fizer isto, provavelmente seus sonhos não passarão de sonhos de início de ano.

Você não precisa necessariamente se focar em um único objetivo. É recomendável estabelecer tantas metas quanto forem possíveis, sem se sobrecarregar. Neste mundo tudo passa e você deve estar preparado para a ruptura e a mudança. As suas chances de sucesso serão maiores se você tiver mais de uma habilidade. Participe de cursos e palestras para se aperfeiçoar e inicie ou conclua aquele curso de inglês, espanhol, japonês; informática, ou outro que ficou para trás. Aproveite cada oportunidade que a vida lhe dá, pois assim seus sonhos não serão adiados.

As informações são facilmente disseminadas e deixam de ser privilégio de poucos. Os mesmos meios de comunicação que informam, vendem uma mensagem de sucesso, quase que obrigatória, trazendo implicitamente consigo, o entendimento de que o sucesso é algo místico, iluminado por holofotes, e vivenciado a partir dos sorrisos e cenários das propagandas. É nesse cenário que tomamos decisões, incluindo a decisão de qual carreira seguir. Diante deste cenário, você pode desistir de seus sonhos, pois algumas profissões caem em descrédito por serem consideradas como "sem futuro" ou que não "dão dinheiro". Estima-se que oitenta por cento da população economicamente ativa do Brasil exerça atividade profissional diferente da que um dia sonhou para sua vida.

Árduo é o caminho para conseguirmos concretizar nossos sonhos e infelizmente muitas coisas colaboram para dificultar ainda mais esta jornada. Um dos principais fatores que nos fazem desistir é a nossa vida emocional. Pessoas muito sensíveis tendem a se entregar muito fácil na primeira frustração que têm, seja em casa, no trabalho, na escola, ou com os amigos, qualquer coisa que fuja da rotina, do normal, é motivo para depressão. Lutar contra o desânimo e vencer, mostrará que você também tem seu lugar ao sol. Apostar no futuro e criar a realidade que se deseja, é o passo mais importante para não desistir de seus sonhos. A vida é muito curta, para deixarmos o seu controle nas mãos dos outros ou ao "Deus dará".

Quem faz o que realmente gosta, acaba realizando essa atividade cada vez melhor e atinge seu potencial máximo. Com isso, o sucesso profissional e financeiro passa a ser mera consequência da realização de um sonho. Não deixe que ninguém lhe diga que seu sonho é impossível.

Existem os mais diversos sonhos: um sonha em ganhar na mega-sena e ficar milionário; outro, simplesmente em terminar seu curso e conseguir um bom emprego com estabilidade, e tem os que sonham apenas com o final do expediente de trabalho para que possam ir para casa ou para um bar encontrar os amigos. Não importa qual seja o seu sonho, o importante é que não desista deles.

Nunca se esqueça de que o avanço tecnológico e a redução do número de funcionários é o sonho de alguém.

CAPÍTULO 2

O PLANEJAMENTO

Descobrir a missão de vida pode ser uma tarefa desafiante para alguns. Porém, independentemente do esforço necessário, vale a pena. Se você conseguir encontrar uma missão de vida inspiradora, nunca mais terá problemas de motivação. Todos os problemas serão pequenos, quando comparados a seu propósito.

Muitos colocam como missão ficar ricos. Normalmente isso não traz inspiração suficiente, mas há exceções. O que realmente importa é você saber que sua escolha vai lhe guiar e inspirar em todos os momentos.

Se você não conseguir encontrar uma missão, invente uma e trabalhe nela com afinco.

Cada pessoa tem seus valores e não adianta querer seguir aqueles que você acha que são mais valorizados pelas empresas ou pelos amigos.

Conhecer a sua maneira de se comportar vai lhe ajudar a definir quais atividades você tem facilidade de fazer e, ou aprender. Algumas pessoas têm facilidade para tomar decisões rápidas e fazer várias tarefas ao mesmo tempo. Outras conseguem analisar riscos com precisão e organizar tarefas de forma detalhada.

Definir o que se faz bem é primordial. Para quem é muito crítico com si próprio, isso é uma dificuldade, e devem recorrer às pessoas que lhe conhecem bem no trabalho, em casa ou entre amigos, que podem lhe ajudar nesta tarefa.

Tendo uma visão de futuro e sabendo aonde quer chegar, não se esqueça dos fatores tangíveis que podem ser medidos ou quantificados como: salário, bônus e benefícios; e intangíveis que se referem à autonomia, inovação, liberdade de expressão, cultura da empresa e valores corporativos.

Enquanto suas realizações e habilidades determinam sua capacidade para realizar um trabalho com maestria, os valores intangíveis vão ser decisivos para sua satisfação no dia a dia. Por exemplo, se você percebeu que precisa de muita liberdade e autonomia em seu trabalho, você vai querer procurar um cargo em que o seu superior imediato e a matriz estejam a muitos quilômetros de distância ou vai querer ter seu próprio negócio.

Colocar seu plano no papel é um dos passos para o sucesso do planejamento. Seja qual for o seu plano, é importante que todas as suas metas sejam específicas, mensuráveis e tenham uma data atrelada. Metas e objetivos sem data continuarão a ser apenas sonhos, e dificilmente vão sair do papel.

Defina qual tipo de profissional você é, ou quer ser:

- O que faz as coisas acontecerem,
- O que acha que faz as coisas acontecerem,

- O que observa as coisas acontecerem,
- O que se surpreende quando as coisas acontecem,
- O que não sabe o que aconteceu.

Decidir uma carreira não significa escolher somente a sua área de atuação profissional. É optar por caminhos, ambientes e pessoas que estarão com você durante a maior parte da sua vida. Planejar sua carreira, portanto, significa planejar a sua vida.

Muitas pessoas não planejam absolutamente nada em suas carreiras, e o resultado são profissionais trabalhando naquilo que não gostam e, obviamente, obtendo resultados muito abaixo do seu verdadeiro potencial. Uma das grandes causas dessa frustração, é a busca frenética pela famosa empregabilidade. Profissionais de todas as áreas são incentivados e pressionados a perseguir uma formação específica como forma de diferenciação para que obtenham os "melhores" empregos. Isso faz com que busquem avidamente complementar sua formação acadêmica com MBAs, mestrados, idiomas e outros. A ideia é ter uma formação completa e atingir o nível máximo de empregabilidade.

Geralmente o profissional vive uma situação de conflitos quando encontra um trabalho bem remunerado, mas que não lhe traz satisfação. Quando esse jovem; já não tão jovem, parar e analisar, pode concluir que não gosta nem um pouco do que faz, mas já investiu tanto tempo e esforço naquela carreira, que a mudança se tornou um desafio de proporções dantescas.

Tenha uma missão, planeje tudo que for fazer, coloque seu plano no papel e certamente alcançará o sucesso profissional, e a realização financeira necessária para uma vida confortável e segura para você e sua família.

CAPÍTULO 3

A TOMADA DE DECISÕES

Durante toda a nossa vida somos obrigados a tomar decisões. Este processo tem início quando acordamos (ficar ou não ficar um pouco mais na cama), passando pelas dúvidas de qual roupa colocar, qual o melhor trajeto para fugir do trânsito e chegar mais tranquilo ao trabalho, e outros tantos exemplos presentes no dia de qualquer mortal.

Normalmente até a adolescência, os pais é que decidem pelos filhos. A partir daí, o jovem começa a "andar com as próprias pernas". Então terá que decidir se vai fazer um curso técnico ou superior? De que? Se irá aprender outro idioma ou não? Qual? Em qual escola?

Após a conclusão do curso escolhido, mais decisões precisam ser tomadas. Será empregado ou prestador de serviços? Terá seu próprio negócio ou não? Muitas situações podem fornecer respostas prontas para determinados casos. Entretanto, existirão situações que vão requerer estudo e planejamento para uma decisão final. Outras, por outro lado, serão tomadas através da intuição, da sua voz interior. E, mesmo considerando todos os aspectos, não saberemos se a decisão "definitiva" será mesmo definitiva em função das mudanças que ocorrem a todo o momento seja em nossa vida pessoal ou familiar, seja em nossa vida profissional ou corporativa.

Independentemente do tipo de decisão, devemos estar preparados para: vencer o medo e a indecisão de tomar a decisão.

De acordo com o Prof. Joseph Ferrari, de Chicago (EUA), vinte por cento das pessoas ficam "travadas" na hora de decidir, isto é, além de não tomar a decisão, a adiam ao máximo. São pessoas ansiosas, que vivem ocupadas, mas, que em realidade, sofrem para concluir algo que depende de si mesma".

O mundo está cheio de exemplos de decisões erradas: casamentos, abertura de negócios próprios, investimentos mal conduzidos, etc. Experiências passadas, oriundas de decisões erradas mudam o nosso modelo mental para que, no futuro, criemos novos "parâmetros" para tomarmos decisões frente a situações semelhantes. Erros e fracassos de ontem geram decisões futuras que poderão se transformar em sucesso. Diariamente devemos estar preparados para nos reinventar e mudar nossa maneira de ser e de encarar um mundo em constante mutação.

Existe uma tendência de decidir sempre da mesma forma baseada em fatos passados. Se soubermos entender quais os caminhos que fizeram com que tomássemos esta ou aquela decisão, poderemos ter uma maneira de combater tal tendência. Desenvolvendo e aumentando o nível de consciência sobre nós mesmos, poderemos mudar nossa maneira de tomar decisões.

Qualquer ser humano erra e continuará errando. Temos, hoje, um conhecimento muito maior do que há cinquenta anos. À medida que os anos passam, mais e mais conhecimento é agregado ao já existente e mesmo assim, seguimos cometendo erros. Nossos valores são adquiridos à medida que o tempo passa, e quando tais valores estão bem definidos, a tomada da decisão fica mais simples, mais rápida e com menos riscos de erros.

O sucesso de uma decisão está no equilíbrio entre a voz do coração e da mente. Se os dois disserem "sim", faça. Se ambos disserem "não", nem arrisque, é fracasso na certa. Nas incertezas, em que o coração diz sim e a mente diz não, reavalie todas as variáveis e faça novamente a pergunta até obter um sim ou não. Ouvir sua voz interior também é algo que vem com o passar dos anos e comumente, profissionais mais experientes confiam mais em seus instintos. Se você, é do tipo racional, agregue aspectos intuitivos para tomar sua decisão. Se você é do tipo que decide por intuição, agregue aspectos racionais antes de tomá-la.

Mesmo vivendo em um mundo que exige que tomemos decisões em espaços de tempo cada vez menores, não devemos esquecer que temos que ser ágeis e não precipitados.

Não existe e jamais existirá, um manual pronto que nos ensine a tomar decisões. Mas, o exercício de decidir e fazer escolhas pode apurar nossos instintos, ou racionalidade. Para ajudá-lo, **pratique o que está descrito a seguir:**

- Antes de você tomar uma decisão tenha uma visão geral da situação, analise os prós e os contras, bem como as pessoas envolvidas no assunto,
- Tome decisões cuidadosas e nunca precipitadas. Não aja e nem reaja sem antes pensar nas consequências, evite em todas as situações os retrabalhos e os desgastes nos relacionamentos,
- Não permita que as emoções e os impulsos influenciem nas decisões,
- Cuidado como uma decisão mal elaborada e encaminhada, pois dificilmente você poderá voltar atrás ou, o que é pior, terá que conviver com ela,
- Não cometa o erro de analisar fofocas e conversas de bastidores, procure avaliar com realismo os fatos ocorridos,
- Deixe bem claro o curso que deve ser tomado por todos, após a tomada de decisão,
- Acompanhe o andamento e o desenvolvimento de uma decisão tomada, bem como o entendimento e a aplicação na prática por todos e fique atento para não ficar tomando novas decisões superficiais que venham prejudicar a decisão principal.
- Avalie, elabore retrospectos, pesquise, procure as melhores cabeças experientes e faça exercícios de visualização dos mais variados cenários, para que a decisão a ser tomada seja correta,
- Não se deixe entusiasmar pelos falsos momentos de gloria no andamento de uma tomada de decisão. Ana-

lise friamente as emoções das pessoas e busque focar o objetivo principal da decisão tomada,

- Nunca tome decisões que contemplem o imediatismo, principalmente quando o assunto apresenta-se como novidade no ambiente. Não confundir com as tomadas de decisões que necessitem de agilidade,
- Mantenha os canais de comunicações abertos a todas as pessoas envolvidas e que possam contribuir em qualquer tomada de decisão,
- Jamais, tome qualquer decisão quando estiver nervoso, irritado e ou por coação,
- Independente de sua posição peça o tempo necessário ou razoável para estudar e refletir sobre o assunto,
- O processo decisório é um processo de informação que a grande maioria das pessoas está habituada e sabe como funciona. Em uma empresa em sua hierarquia, sobem informações e descem decisões. Portanto é de extrema importância sair a campo para ouvir as pessoas sobre todos os assuntos e detalhes que fazem parte de uma decisão,
- Uma vez que você tem todas as informações possíveis e necessárias, não cometa o mal hábito de deixar para depois. A hora é agora, vá em frente e tome a decisão que o assunto exige e merece.
- Valorize em sua avaliação, todos os detalhes de cada assunto. Nunca se esqueça de que qualquer decisão só será totalmente correta, se todas as partes que a compõem forem igualmente perfeitas,

- A maioria das decisões profissionais não requer uma sabedoria de filósofos, mas sim, que você analise atentamente os fatos e compreenda (sem qualquer protecionismo ou paternalismo) os indivíduos envolvidos. Eventualmente, quando uma decisão no decorrer de seu curso, se apresentar equivocada, você precisa ser bastante flexível para poder alinhar a rota,

- Independente do ambiente que você esteja, toda e qualquer decisão deve ser transparente para que as pessoas possam enxergar de forma simples e clara,

- Líderes, habitualmente, tomam as decisões estratégicas e confiam às pessoas as decisões táticas,

- Com frequência o poder e a decisão caminham praticamente juntos, é necessária muita sabedoria, ética, caráter, integridade e humildade, para que não se perca na vala comum dos arrogantes, orgulhosos e vaidosos. Se você perceber que é o todo poderoso, repense e comece a aprender e a reaprender tudo de novo.

Erroneamente, achamos que tomar decisões é uma tarefa fácil até nos depararmos com a responsabilidade de tomá-las, acertadamente.

CAPÍTULO 4

OS ESTUDOS

O primeiro passo, para adquirirmos o conhecimento é estudar. O profissional pode ser entendido como uma pessoa em constante aperfeiçoamento.

São muitas as dificuldades para prosseguirmos os estudos, porém devemos colocá-lo como nossa primeira necessidade, pois o mercado torna-se a cada dia mais exigente e seletivo.

Com as mudanças conjunturais e estruturais que vivemos na época atual, e que certamente serão maiores a cada dia, jamais poderemos deixar de estudar, senão seremos tragados por aqueles que nunca param.

Em sua carreira, conhecimento não ocupa espaço. Estude idiomas, procure cursos, pós-graduação, especializações, reciclagens, etc. Invista em você. Leia muito e melhore sua cultura. Em um mundo globalizado, saber o que acontece a nossa volta é obrigatório. Seja uma pessoa a sua frente, crie o hábito de ler, mesmo não gostando no começo, logo se habituará e verá quanto benefício isso lhe trará.

Nunca parar de estudar

Sem dúvida, este é o pensamento correto, pois só assim suas chances de passar pelos processos seletivos, se manter dentro do quadro de funcionários, ou ainda, conseguir uma promoção, serão possíveis.

Para quem gosta de estudar, isso é maravilhoso, mas para os que estudam "obrigados" isso é uma pressão. Uma pressão que não trabalhada e admistrada com cuidado, pode transformar-se em desânimo, rejeição aos estudos, e até mesmo em depressão e paranoia. O importante é aprender a gostar ao pouco.

Faça uma análise de si mesmo e redescubra seus principais talentos, crie um relacionamento dos mesmos com os seus valores e paradigmas. Após conhecer as suas aptidões, competências e habilidades, aprofunde-se no conhecimento de estudos correlatos com tais áreas de interesse, passando a partir daí a parte prática: pôr em prática o seu projeto de carreira ou de vida.

O mercado de trabalho vem se transformando rápido e progressivamente. Antes era imprescindível ter o Ensino Fundamental, depois o Ensino Médio, destacavam-se os que tinham curso de informática, tinham excelência quem tinha cursado inglês. Hoje fazer pós-graduação já não é mais um diferencial, e sim uma "obrigação". Só informática básica e o inglês não bastam, é necessário ter informática avançada, espanhol e até outros idiomas. Cada vez mais, o sucesso está ligado ao processo de aprendizado, e de educação. Portanto, nunca pare.

O que estudar?

É uma das grandes dúvidas da maioria dos jovens. Esta é uma escolha decisiva, que determinará o que você fará nos próximos anos de sua vida e mais, irá dizer qual a sua função no mundo.

Sem dúvida é um momento crítico, estresse de todos os lados, pressão absoluta e outras tantas coisas para um jovem. É por isso que o número de abandonos e transferências de cursos em universidades no Brasil continua crescendo. Cada vez mais jovens e imaturos, os estudantes ingressam em cursos que não conhecem direito, desistem e ficam "pulando de galho em galho" até descobrirem o que querem realmente. O processo acaba acontecendo na ordem inversa da natural, onde primeiro eles "praticam" o curso para depois conhecê-lo e saber se é isso ou não o que querem.

Antigamente, no Brasil, as escolas realizavam durante os anos pré-vestibulares, testes vocacionais com os seus alunos. Aquele era o momento da análise e das opções, para depois fazer uma escolha. Hoje em dia, os testes vocacionais são realizados em poucas escolas particulares o que limita o acesso de estudantes de baixa renda.

Esses testes não determinam o que você deve fazer, mas ajudam a delimitar a área de atuação mais favorável do indivíduo. Assim, a gama de opções de profissões se restringe àquela área, tornando mais objetivo o trabalho de orientação. Mas é claro que estas áreas de atuação são muito relativas. É preciso levar em conta que as profissões podem se combinar de várias maneiras, misturando várias ciências. A orientação vocacional é um processo de autodescoberta do jovem, que se sente perdido. Para casos mais sérios, aconselha-se não só o teste em si, mas o acompanhamento com um psicólogo, pois os testes são padronizados, mas, as pessoas são diferentes.

Deixando o teste vocacional de lado, opte sempre pelo que realmente gosta de fazer. Depois, de preferência aos cursos ligados as áreas que deseja atuar ou que atua. Se não puder cursar a universidade (graduação, pós, mestrado, etc.), faça cursos técnicos, e se estes também estiverem fora de seu alcance, recorra aos profissionalizantes. Aos que não concluíram o Ensino Fundamental e Médio, é imperativo que procure por programas educacionais autorizados e reconhecidos pelo MEC (supletivos, tele-aulas e outros). É fato que o mercado de trabalho está mais exigente, porém a continuidade dos estudos está mais acessível.

Faça sua escolha

- Administração
- Agronomia
- Antropologia
- Arquitetura e Urbanismo
- Arquivologia
- Artes Cênicas
- Artes Plásticas
- Astronomia
- Biblioteconomia
- Ciências Aeronáuticas
- Ciências Atuariais
- Ciências Biológicas
- Ciências Biomédicas
- Ciências Contábeis
- Ciências da Computação
- Ciências da Informação
- Ciências Econômicas
- Ciências Políticas

- Ciências Sociais
- Ciências [Licenciatura]
- Cinema e Vídeo
- Comércio Exterior
- Composição e Regência
- Computação
- Dança
- Decoração
- Desenho Industrial
- Direito
- Ecologia
- Economia Doméstica
- Educação Física
- Enfermagem
- Engenharia Aeronáutica
- Engenharia Agrícola
- Engenharia Ambiental
- Engenharia Cartográfica
- Engenharia Civil
- Engenharia da Computação
- Engenharia de Agrimensura
- Engenharia de Alimentos
- Engenharia de Bioprocessos e Biotecnologia
- Engenharia de Comunicação
- Engenharia de Controle e Automação
- Engenharia de Materiais
- Engenharia de Minas
- Engenharia de Pesca
- Engenharia de Plásticos [tecnológico]
- Engenharia de Produção
- Engenharia Elétrica
- Engenharia Florestal
- Engenharia Hídrica
- Engenharia Industrial
- Engenharia Mecânica
- Engenharia Mecatrônica
- Engenharia Metalúrgica
- Engenharia Naval
- Engenharia Química
- Engenharia Sanitária
- Engenharia Textil
- Esporte
- Estatística
- Farmácia
- Filosofia
- Física
- Fisioterapia
- Fonoaudiologia
- Fotografia
- Geofísica
- Geografia
- Geologia
- História

- Horticultura [Tecnológico]
- Hotelaria
- Informática
- Jornalismo
- Letras
- Lingüística
- Matemática
- Matemática Computacional
- Medicina
- Medicina Veterinária
- Meteorologia
- Microbiologia e Imunologia
- Moda
- Museologia
- Música
- Musicoterapia
- Naturologia
- Nutrição
- Oceanografia
- Odontologia
- Pedagogia
- Produção Editorial
- Psicologia
- Publicidade e Propaganda
- Química Industrial
- Radio e TV
- Radiologia [Tecnológico]
- Relações Internacionais
- Relações Públicas
- Secretariado
- Serviço Social
- Teologia
- Terapia Ocupacional
- Tradução
- Turismo
- Zootecnia

Curso preparatório ao vestibular (cursinho)

É um tipo de curso realizado por estudantes brasileiros do Ensino Médio que estão próximos de prestar o concurso vestibular, ou por qualquer indivíduo que deseja submeter-se à tal prova. Tem o objetivo de fazer o estudante rever o conteúdo aprendido ao longo da vida escolar para que, preparado possa ser classificado nos exames vestibulares tradicionalmente concorridos.

Há muitas críticas ao modelo de funcionamento dos cursinhos, entre os quais destaca-se a ideia de que eles apenas transmitem aos alunos ideias e estratégias pré-determinadas para obterem sucesso nos vestibulares e não fazem o mais importante, que é fazê-los compreender o assunto ou preparar o aluno para a vida universitária.

Os cursinhos têm início e duração variada.

Tipo e duração média

- Extensivo: 1 ano (janeiro a dezembro)
- Semi 1: 4 meses (março a junho)
- Turmas de maio: 6 meses (maio a dezembro)
- Semi 2: 4 meses (agosto a dezembro)
- Intensivão: 2 meses (outubro a dezembro)
- Revisão 1: 1 mês (novembro)
- Revisão 2: 1 mês (dezembro)

Enem:

Foi a primeira iniciativa de avaliação geral do sistema de ensino implantado no Brasil. Criado em 1998 no governo Fernando Henrique Cardoso, teve por princípio avaliar anualmente o aprendizado dos alunos do ensino médio em todo o país para auxiliar o ministério na elaboração de políticas pontuais e estruturais de melhoria do ensino brasileiro através dos Parâmetros Curriculares Nacionais (PCNs) do Ensino Médio e Fundamental, promovendo alterações nos mesmos conforme indicasse o cruzamento de dados e pesquisas nos resultados do Enem.

O primeiro modelo de prova do Enem, utilizado entre 1998 e 2008, tinha 63 questões aplicadas em um dia de prova.

A nota do Enem pode ser utilizada como acesso ao Ensino Superior em universidades brasileiras que aderiram ao Enem como forma única ou parcial de seleção. Cada universidade tem autonomia para aderir ao novo Enem conforme julgue melhor. Nos mesmos moldes do ProUni, o Sistema de Seleção Unificada (SiSU) é totalmente online e permitirá ao estudante escolher cursos e vagas entre as insituições de ensino superior participantes que utilizarão o Enem como única forma de ingresso.

A nota também é utilizada por pessoas com interesse em ganhar pontos para o Programa Universidade para Todos (ProUni).

A participação na prova serve como certificação de conclusão do Ensino Médio para pessoas maiores de 18 anos de idade.

Exame vestibular:

Processo de seleção de novos estudantes empregado pelas universidades. Caracteriza-se normalmente como uma prova de aferição dos conhecimentos adquiridos no ensino fundamental e médio, sendo o principal meio de acesso ao ensino superior no Brasil. É o mais importante critério de seleção de candidatos, utilizado tanto pelas instituições públicas quanto privadas de ensino superior. Tem maior significado nas instituições públicas, que por sua gratuidade, são geralmente mais procuradas.

Os exames vestibulares mais concorridos são normalmente aqueles que permitem o ingresso nas universidades públicas. Tais exames são aplicados por fundações ou comissões especialmente criadas para tal fim. Há também alguns vestibulares de instituições privadas bastante concorridos.

Os vestibulares para as universidades públicas no Brasil são os mais concorridos dentre aqueles aplicados no país, seja pela oportunidade única do estudo gratuito ou pela reputação de um ensino de qualidade de que gozam estas instituições em relação às privadas.

Sendo o número de vagas limitado nas universidades, estes vestibulares atingem um grau de concorrência elevado, representado tanto pelo número elevado de candidatos por vaga.

Os vestibulares para as universidades particulares no Brasil são muitas vezes mal vistos, exatamente por não representarem, em muitos casos, nenhuma dificuldade ao estudante.

CAPÍTULO 5

A LÍNGUA INGLESA

Sob o meu ponto de vista, as empresas instaladas no Brasil deveriam praticar a nossa língua; empresas instaladas na França a língua francesa, e assim por diante; porém, este é um ponto de vista pessoal e está bem longe da realidade.

A globalização trouxe a necessidade de uma linguagem eficiente de comunicação. Sendo assim, aprender vários idiomas se tornou uma necessidade real para profissionais de diversas áreas, e para os que se preparam para ingressar em um mercado de trabalho cada vez mais seletivo. O domínio de idiomas significa crescimento, desenvolvimento e, acima de tudo, melhores condições de acompanhar as rápidas mudanças que vivemos.

A internacionalização dos mercados levou àss nações a adotarem o **inglês** como o idioma oficial e considerando a importância econômica do Brasil como país em desenvolvimento, dominar esse idioma se tornou necessidade básica de sobrevivência profissional e muitas vezes significa um salário até 70% maior.

Conscientes da importância do inglês, as universidades estão testando cada vez mais o conhecimento desse idioma em seus vestibulares. Por essa razão, não só o profissional que já atua no mercado precisa ter conhecimento da língua como também o jovem que deseja ingressar em um curso de graduação. O inglês deixou de ser luxo para integrar o perfil do profissional ou futuro profissional por mais jovem que ele seja.

A realidade é uma só; ou você domina um ou mais idiomas, ou suas chances serão menores; ou, quase nenhuma. A seguir um teste para ver como está sua chance de sobrevivência em um mercado globalizado.

Translate			
To need		To write	
To drink		To open	
To speak		To close	
To eat		To live	
To want		To prefer	
To work		To start	
To smoke		To come	
To play		To say	
To like		To stay	
To go		To visit	
To study		To do To sleep	
To cook		To have To finish	

To understand		To talk	
To buy		To take	
To sell		To wash	
To help		To learn	
English		Glass	
Portuguese		Tomorrow	
Now		Bread	
Today		Cheese	
With		Ham	
Brother		Slice	
Sister		But	
Father		Boy	
Mother		Girl	
Parents		Movies	
Wine		School	
Coffe		Store	
Juice		House	
Milk		Home	
Water		Church	
Beer		Teacher	
Fish		Manager	
Meat		Friend	
My		Day	

40 | Orientações para seu Sucesso Profissional

And		Week	
I		To	
You		The	
Son		Tho the	
Daughter		In	
Children		At	
Germam		In the	
A		At the	
Cup		Or	
Of		Only	
Tea		Alone	
Your		Post Office	
French		Postcard	
This		Mailman	
Book		Money	
Cigarette		Here	
Some		There	
Bank		Month	
Time		Animal	
Car		Cow	
Big		Horse	
Small		Chicken	
Large		Pig	

Little		Bike	
New		Motorcycle	
Old		Door	
What		Window	
Where		Neighbor	
When		Usualy	
Wife		Until	
Husband		More	
For		Test	
Soccer		Office	
Breakfest		Lunch	
How		Dinner	
Boss		Already	
Newspaper		Ticket	
Magazine		Then	
Letter		State	
Country		Noon	
Rice		Midnight	
Meeting		Thing	
Many		Fron	
Still		Job	
Before		After	
Thank You		You're welcome	

Thanks		Nota t all	
Please		Good morning	
Good Afternoon		Good evening	
Good night		Hi	
Hello		Sorry	
Good bye		Bye-bye	
Excuse me		So-so	
See you later		See you tomorrow	
With me		Weekend	
Downtown		For breakfast	
For lunch		For dinner	
Nice to meet you		How many	
Pack of cigarettes		At home	
This morning		This afternoon	
Tonight		Tomorrow morning	
I need to speak		I need to drink	
I don't work		I don't smoke	
What do you want?		Where do you work?	
I have to work		I like my work very much	
How are you?		I'm fine, thanks	
I'm fine so-so		I'm not very well	
How is he?			

Se você traduziu tudo sem recorrer ao dicionário, é simplesmente um bom começo... Não existe, falar inglês mais ou menos, ou entender e falar um pouco. Ou se é fluente, ou não é.

CAPÍTULO 6

A INFORMÁTICA

A primeira coisa que devemos pensar é que o computador é uma máquina burra. Sendo assim, ela não tem chance de competir com o ser humano. Nós aprendemos a trabalhar com ela, no entanto, ela nunca terá a capacidade de fazer o que fazemos.

Pensando assim, devemos utilizar esta máquina para nos auxiliar e agilizar nossos trabalhos.

O computador é encontrado nos lares, nas empresas, nas escolas. Ele veio para inovar e facilitar a vida das pessoas. Não se pode fugir desta realidade tecnológica.

A informática veio para contribuir no desenvolvimento da humanidade. O mercado de trabalho exige dos que desejam ter chances de ser empregado, ou manter seus empregos que interajam com computador e programas instalados dentro das empresas, comércio, repartições públicas, etc.

Atualmente nenhuma empresa pode ficar sem o auxílio da informática, é através dela que tudo é resolvido. O mundo está informatizado. Se hoje vivemos na Era da Informação, isto se deve ao avanço tecnológico na transmissão de dados e às novas facilidades de comunicação, ambos impensáveis sem a evolução dos computadores.

Dentro das empresas existe a **rede** de computadores que é um sistema de processamento de informação constituído por computadores autônomos que se interligam por uma rede de comunicação.

Redes de computadores são muito mais comuns no dia a dia das pessoas do que normalmente se imagina. É um grande engano pensar que a Internet é a única com a qual se convive. Toda vez que se usa um cartão de crédito, um caixa eletrônico ou se faz uma chamada telefônica, os serviços de uma rede estão sendo usados.

A viabilidade da **internet** e do seu crescimento foi garantida pelo aparecimento dos navegadores em 1993 e mais recentemente dos programas de busca. No momento a tecnologia computacional carrega a maior parte da responsabilidade de organizar a informação na internet.

Computador, informática, rede internas, internet, exigem profissionais cada vez mais especializados, e você pode deixar de ser um usuário para tornar-se um especialista dessa tecnologia, que ainda nos surpreenderá com suas inovações e avanços tecnológicos.

A seguir alguns cursos relacionados

- Design e programação de jogos
- Web Design
- Tecnologia em informática

- Tecnologia em bancos de dados
- Tecnologia em processamento de dados
- Tecnologia em desenvolvimento de software
- Tecnologia em análise e desenvolvimento de sistemas
- Tecnologia em desenvolvimento de sistemas para internet
- Tecnologia em gestão de sistemas de informação
- Tecnologia em gestão da tecnologia da informação
- Tecnologia em redes de computadores
- Tecnologia em telemática
- Tecnologia em segurança da informação
- Sistemas de informação
- Análise e desenvolvimento de sistemas
- Informática para gestão de negócios
- Análise de sistemas
- Ciência da computação
- Ciência da informação
- Engenharia de computação
- Engenharia de software
- Engenharia em sistemas digitais
- Engenharia de sistemas
- Matemática computacional
- Biologia computacional
- Física computacional
- Licenciatura em computação
- Bacharelado em informática

Alguns programas essenciais: tanto para a empresa quanto para você

	• Windows XP
	• Windows Vista; ou, Seven.
	• Microsoft. NET Framework
	• Adobe Flash Player
	• Microsoft Silverlight
	• Java Runtime
	• Adobe Macromedia Shockwave Player
	• Adobe Reader
	• K-Lite Mega Codec Pack
	• Mozilla Firefox 3.6
	• Internet Explorer
	• Opera

	• Google Chrome
	• JDownloader
	• Download Accelerator Plus
	• OpenOffice.org 3.2.0 Final: Mais rápida e com suporte para os formatos do Office 2007: categoria: pacotes de aplicativosWindows XP/Vista/98/2000
	• Microsoft Office 2010 Professional: Conheça as novidades do Office 2010 que acaba de ser lançado pela Microsoft.categoria: pacotes de aplicativosWindows XP/Vista/7
	• 150 templates com imagens e efeitos para o PowerPoint 2007: Incremente suas apresentações em Power Point com um pacote de slides de primeira linha.categoria: pacotes de aplicativosWindows XP/Vista/7
	• Microsoft Office Enterprise 2007 Trial Version: Experimente o que a Microsoft tem de melhor na mais recente suíte de aplicativos para escritório!categoria: pacotes de aplicativosWindows XP/Vista/2003
	• Save As PDF: Complemento para toda a suíte Office 2007 que permite salvar seus documentos rapidinho em PDF ou XML.categoria: pacotes de aplicativosWindows XP/Vista

	• Atualização para o Verificador Ortográfico do Microsoft Word 2007: Microsoft disponibiliza complemento que atualiza o Office de acordo com a Nova Reforma Ortográfica.categoria: pacotes de aplicativosWindows XP/Vista
	• Valor por Extenso: Planilha para Excel com uma função que transforma valores monetários em suas formas por extenso.categoria: pacotes de aplicativosWindows 98/Me/2000/XP
	• Microsoft PowerPoint Viewer 2007: Veja apresentações de slides do PowerPoint mesmo sem ter o programa instalado em seu computador.categoria: pacotes de aplicativosWindows XP/98/2000
	• Cometdocs: Converta arquivos dos mais diversos formatos sem precisar baixar um byte de qualquer programa no seu PC!categoria: pacotes de aplicativosWeb – Roda no seu navegador
	• Visualizador do Microsoft PowerPoint 2007: Visualize e imprima as apresentações do seu PowerPoint 2007 e de todas as versões anteriores.categoria: pacotes de aplicativosWindows 2000/XP/Vista
	• Pacote de Compatibilidade para Formatos de Arquivo Microsoft Office Word, Excel e PowerPoint 2007: Agora é possível abrir, editar e salvar arquivos do Office 2007 usando o seu Office 2000, XP ou 2003.categoria: pacotes de aplicativosWindows 98/Me/2000/XP/2003

Google docs	• Google Docs Beta: Cria textos, apresentações de slides e planilhas como no Office, mas tudo pela internet?categoria: pacotes de aplicativosWeb – Roda no seu navegador
	• IBM Lotus Symphony 1.3: Teste essa alternativa ao Office com a qualidade IBM para produzir textos, planilhas e apresentações de slidescategoria: pacotes de aplicativosWindows XP/Vista
	• OxygenOffice Professional 3.1.1.25: Versão aprimorada do pacote de aplicativos OpenOffice, cheio de melhorias e novos recursos para você.categoria: pacotes de aplicativosWindows XP/98/2000
	• HTCalc II 2.8.0.1O Software HTCalc II: trata calculos financeiros básicos e avançados. Desconto, financiamento, leasing, etc.categoria: pacotes de aplicativosWindows XP/98/2000/2003
	• Schedule Daily Calls and Tasks for 20 Doctors 1.85: Planilha de controle de atendimentos médicos.categoria: pacotes de aplicativosWindows XP/98/2000
	• Repair My Excel 1.1.0.71: Programa que repara pastas de trabalho do Excel corrompidas ou danificadas.categoria: pacotes de aplicativosWindows XP/Vista/98/2000/2003
	• andLinux Beta 2: Já pensou em usar o Linux dentro do Windows? Eis aqui um dos melhores programas para isso!categoria: sistema operacionalWindows XP/Vista/2000/2003

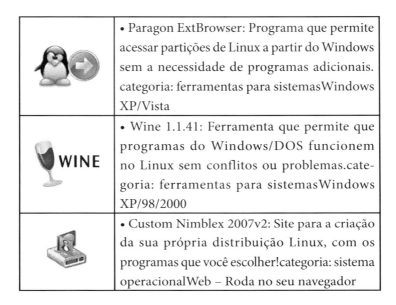

	• Paragon ExtBrowser: Programa que permite acessar partições de Linux a partir do Windows sem a necessidade de programas adicionais. categoria: ferramentas para sistemasWindows XP/Vista
	• Wine 1.1.41: Ferramenta que permite que programas do Windows/DOS funcionem no Linux sem conflitos ou problemas.categoria: ferramentas para sistemasWindows XP/98/2000
	• Custom Nimblex 2007v2: Site para a criação da sua própria distribuição Linux, com os programas que você escolher!categoria: sistema operacionalWeb – Roda no seu navegador

CAPÍTULO 7

PROATIVIDADE

O conceito de proatividade está na moda no âmbito da direção das empresas. Espera-se que os diretores e gerentes sejam proativos e também que as empresas construam seus futuros de forma proativa, mesmo que nem todo o mundo coincida em uma forma de definir proatividade. Este conceito tem diversos sentidos, como acontece com tantos outros termos que recentemente estão sendo introduzidos no vocabulário do mundo empresarial, mas que não se encontram no dicionário.

Steven Covey considera que a essência da pessoa proativa seja a capacidade de liderar sua própria vida. À margem do que se passa a seu redor, a pessoa proativa decide como quer reagir diante desses estímulos e concentra seus esforços em seu círculo de influência, ou seja, se dedica àquelas coisas com relação as quais se pode fazer algo. Para ele, a proatividade não significa somente tomar a iniciativa, mas assumir a responsabilidade de fazer com que as coisas aconteçam; decidir em cada momento o que queremos fazer e como vamos fazer.

Ralf Schwarzer sustenta que o comportamento proativo seja a crença das pessoas em seu potencial para benefício próprio, de sua situação e de tudo ao seu redor. As pessoas que se orientam por esse comportamento antecipam ou detectam possíveis situações de stress e atuam para evitá-los. Segundo esta definição, a proatividade está diretamente relacionada à sensação de controle e autoeficácia. As pessoas que se consideram eficazes, que pensam que podem controlar a situação e solucionar seus problemas, têm mais facilidade para empreender a ação.

Para Bateman e Crant, a proatividade supõe criar mudanças, não apenas antecipá-las. Segundo estes autores, ser proativo não consiste unicamente em ter flexibilidade e condição de adaptação com um futuro incerto, mas que é preciso tomar a iniciativa para melhorar um negócio.

Comportamento proativo x comportamento reativo

Duas pessoas que trabalham em um mesmo ambiente de trabalho, com responsabilidades idênticas e nas mesmas circunstâncias, podem realizar seu trabalho de formas muito diferentes. Uma questiona a maneira habitual de trabalhar se não obtém os resultados desejados, empreende constantemente em novas ações e gera trocas construtivas à sua volta. A outra se conforma com sua situação atual e não faz nada para mudar o que não funciona. A primeira pessoa se comporta de forma proativa; a segunda faz de uma forma reativa.

Em um contexto de trabalho com tantas mudanças como o atual, o comportamento individual tem uma função decisiva no sucesso profissional. Sentar e esperar que os outros façam as coisas acontecerem é um comportamento típico de pessoas reativas. Estas pessoas se acostumam a comportar-se como avestruz, escondendo a cabeça debaixo da terra, ou como um bombeiro, esperando que o incêndio se declare para combatê-lo. Por outro lado, a pessoa proativa se levanta todas as manhãs, disposta a fazer com que as coisas aconteçam, a criar oportunidades e a encontrar novas soluções.

Proatividade e sucesso profissional

Foram publicados vários trabalhos sobre proatividade e sucesso profissional. Bateman e Crant realizaram distintos estudos em que analisam o comportamento proativo e o relacionam com várias medidas de êxito, liderança, rendimento e resultados de carreira. Estes pesquisadores, depois de entrevistarem diferentes grupos – banqueiros, vendedores, estudantes de MBA, empreendedores, presidentes de empresas, etc. – afirmam que o comportamento proativo tem consequências positivas demonstráveis tanto para os empregados quanto para as organizações.

Seibert e Crant estabelecem uma relação clara entre a personalidade proativa, a inovação e a iniciativa em um estudo sobre uma amostragem de 773 alunos de escolas de negócios e engenharia. O impacto positivo da inovação no sucesso profissional está associado a aqueles empregados capazes de encontrar soluções para os problemas; por outro lado, as pessoas que apenas desafiam o *"status quo",* mas que não oferecem soluções podem experimentar resultados negativos.

Outros trabalhos destacam a importância do comportamento proativo no processo de socialização nas organizações; a relação entre o comportamento proativo e a capacidade para converter-se em um líder transformacional no futuro ou a maior facilidade das pessoas proativas para conseguir sucesso na carreira pela sua capacidade de influir em decisões que afetam seu salário, promoções, etc.

O comportamento proativo no ambiente de trabalho

Tomando como referência os resultados obtidos em entrevistas realizadas com empreendedores e presidentes de diferentes empresas americanas, européias e asiáticas, Bateman e Crant consideram que as pessoas proativas se caracterizam pelo seguinte:

- Estão buscando continuamente novas oportunidades.
- Marcam objetivos efetivos orientados às mudanças.
- Antecipam e preveem problemas,
- Desenvolvem atividades diferentes ou atuam de forma diferente,
- Empreendem a ação e se aventuram apesar da incerteza,
- São perseverantes e esforçadas,
- Conseguem resultados perceptíveis, já que estão orientadas a resultados.

Estas características de comportamento proativo no trabalho podem se estender a outros âmbitos da vida.

A importância do comportamento proativo

Assim como indica todos estes estudos, parece que o comportamento proativo é um fator determinante para competir e sobreviver em um ambiente que muda tanto e seja tão competitivo como o atual. As empresas buscam pessoas flexíveis que se adaptem ao inesperado e que saibam questionar a incerteza. Os empreendedores e pequenos empresários têm mais possibilidades de questionar com sucesso seus negócios se são proativos. As pessoas que estão satisfeitas com seu trabalho ou com seu ambiente de trabalho atual têm a responsabilidade de gerar novas ações para alterar sua situação e conseguir os resultados que desejam.

Somos responsáveis pela administração de nossas carreiras, não podemos ficar sentados esperando que alguém venha nos resgatar e oferecer o grande trabalho de nossas vidas. Não funciona ficarmos presos a queixas contra o sistema se o que desejamos é mudar nossa situação atual. Antes de perder o emprego, há pessoas que caem em depressão; por outro lado, outras aproveitam esta situação para montar um negócio próprio e triunfar. Não nos enganemos atribuindo a responsabilidade de nossos problemas unicamente a agentes externos ou à pressão do ambiente. Temos a responsabilidade de escolher nossas próprias respostas diante do que nos passa e de dirigir a ação de uma maneira inteligente.

Para obter sucesso no mercado de trabalho atual é preciso se converter em um agente ativo de mudanças, ter iniciativa e saber enfrentar a incerteza. A pessoa proativa não espera que os demais tomem decisões por ela; atua com determinação, antecipando problemas, vai a campos operacionais e acredita constantemente em novas oportunidades.

Por último, é preciso considerar que o comportamento proativo esteja orientado a resultados. Ser proativo não consiste unicamente em propor ideias ou fazer reestruturações cognitivas para perceber a realidade de outra maneira. É muito bom pensar em mudança, mas não é suficiente; tem que ser capaz de transformar ideias em ações para obter resultados.

Proatividade é sinônimo de iniciativa, de superar as expectativas iniciais.

- Nos universitários, a proatividade pode ser observada naquele estudante que tenta conseguir o máximo de informações sobre determinado estágio com um colega de classe.

- O estagiário proativo se destaca entre outros pela qualidade das informações e questionamentos formulados durante uma entrevista de seleção.

- O profissional proativo tende a ser uma peça útil, na maioria dos casos, apenas àquelas empresas que precisam deste tipo de mão de obra. "Um profissional proativo pode se frustrar se não tiver funções que lhe permitam sair da rotina".

CAPÍTULO 8

CUNHAS, PADRINHOS E "Q.I"

Além de mandar currículos por e-mail, garimpar vagas de trabalho em sites especializados, procurar as agências de emprego e olhar os anúncios classificados no jornal de domingo, tenha uma boa conversa com seus próprios amigos. O caminho mais rápido e eficiente para encontrar um emprego pode estar aí. É a famosa prática do "Q.I.", ou "quem indica".

Normalmente tudo começa quando a área de Recursos Humanos de uma empresa divulga internamente a existência de determinada vaga, no intuito de que surjam algumas indicações com a participação ativa do seu corpo de funcionários.

É aí que seu nome deve ser lembrado – e, se realmente for, são grandes as chances de que você seja contratado. Isso porque uma indicação interna vale como um atestado de confiança e um selo de qualidade no currículo.

Percebendo essas vantagens, grandes corporações multinacionais como *IBM, Bank Boston, Accenture e PriceWaterhouseCoopers* institucionalizaram a prática no Brasil e têm programas que premiam com bônus os funcionários que fazem indicações qualificadas para determinadas funções. O bom é que as empresas levam em média metade do tempo com este tipo de contratação.

No Grupo Pão de Açúcar, 60% das vagas são preenchidas por recrutamento interno, que inclui a indicação de candidatos por funcionários. Em 2001, 1.200 indicações resultaram em 306 contratações em todos os níveis da companhia.

No entanto, deve-se tomar o cuidado de que a pessoa indicada tenha realmente as qualificações exigidas e que tenha boas referências.

A indicação é essencial para candidatos que não possuem currículo perfeito. Por exemplo, candidatos que não falam inglês, que têm idade acima de 45 anos, que trocaram de emprego com certa frequência, que não possuem uma excelente formação, podem passar por muitas fases eliminatórias.

CAPÍTULO 9

A POLÍTICA DENTRO DAS EMPRESAS

Na sua raiz, política refere-se às relações em sociedade e à "felicidade coletiva". O tema está nas bases da filosofia, sendo atribuída ao caríssimo Aristóteles a famosa frase "o homem é um animal político".

Uma organização é um ecossistema suportado por leis e regras próprias daquele ambiente, moldadas pelo mercado e pelas pessoas nele inseridas. Com o passar do tempo, as organizações começam a sedimentar posturas éticas e comportamentais de grupo próprias, particulares, formando aquilo que chamamos de "cultura organizacional".

Dentro deste ambiente, o profissional deve guiar suas ações por duas linhas. Uma, objetiva, consiste em aplicar seu conhecimento e experiência, no caráter técnico e organizacional, visando alcançar os objetivos da organização (normalmente suportados por um planejamento estratégico). Neste contexto, o profissional é uma das engrenagens que faz a máquina corporativa funcionar. No entanto existe outra linha, subjetiva, onde o profissional tem que orquestrar os relacionamentos dentro da empresa, buscando suporte às suas ideias e ações, por parte dos superiores, pares e subordinados, para que consiga executar de forma eficiente suas atividades.

À primeira vista, para quem tem uma mente mais objetiva, ficamos imaginando por que precisamos de "convencimento", "apoio", "relacionamento" para conseguir trabalhar direito, partindo da premissa que nossas ações estão embasadas em um desdobramento tático de um plano estratégico corporativo.

Ora, felizmente ou infelizmente não estamos lidando com máquinas. As pessoas possuem ego, interesses pessoais, afetos e desafetos e até variações de humor que podem afetar o desempenho das relações profissionais, do ponto de vista do resultado corporativo. Existem as desavenças departamentais, quando, por exemplo, o diretor de compras simplesmente odeia o diretor de logística (talvez não torçam pelo mesmo time) e por isso faz de tudo para empacar as demandas da área de logística, obviamente sempre dando um jeitinho de deixar claro que a culpa pelos atrasos e problemas foi alguma incompetência da área desafeta.

Outro ponto importante é a cultura. Existem organizações que estimulam a cooperação, enquanto em outras há o *"status quo"* de que todo mundo tem que implorar para conseguir apoio para suas atividades.

Infelizmente é uma verdade com a qual temos que conviver e faz parte sim da maturidade profissional aprender a navegar nesse mar de incertezas comportamentais. No entanto certamente iremos passar por ambientes onde será impossível manter-se inserido na cultura (ou seja, o nosso santo não bate com o da empresa). Nestes casos, sinceramente, entre a felicidade da empresa e a minha, fico com a última e vou embora para o mercado.

Max Gehringer, em um artigo de 2006 para a revista Época, respondeu que ser político dentro de uma empresa: é fazer o que os políticos de verdade fazem, com aquela competência pegajosa: aprender a engolir sapos, e ainda pedir para repetir o prato; saber costurar alianças profissionais, mesmo que a outra pessoa seja detestável; aceitar as críticas com ar de humildade; não se prevalecer de um cargo, ou de uma situação, para humilhar ou menosprezar colegas; elogiar quem merecer um elogio; dar sempre a impressão de que está disposto a colaborar e ser um bom ouvinte.

Não adianta lutar contra o sistema, o sucesso profissional está intimamente ligado a sua adaptação à política da empresa. Por mais liberal que seja a empresa, a política estará lá de uma forma ou de outra.

CAPITULO 10

OS SALÁRIOS

Seja antes ou depois de ser contratado, a negociação salarial é sempre um tema delicado a se tratar, que provoca nervosismo e insegurança. Nessa hora, é importante manter a calma e demonstrar firmeza e preparo, para fazer uma argumentação consistente e convincente. A negociação está presente em todos os aspectos de nossa vida, e no trabalho não é diferente. Cada vez mais, saber negociar se torna uma competência fundamental para os profissionais, ainda mais quando o assunto é o salário.

Fatores que devem ser considerados em uma negociação salarial.

Antes de ser contratado

- É importante saber qual o melhor procedimento para que suas propostas salariais sejam válidas. Entrar em um acordo benéfico para ambas as partes não é fácil, requer jogo de cintura e boa capacidade de comunicação,

- Após realizar uma minuciosa pesquisa de mercado, e da respectiva empresa, pré-defina o valor a ser proposto e suas estratégias de negociação,
- No momento da entrevista, sempre coloque o maior valor possível, para haver margem de negociação, mas também esteja ciente do mínimo que está disposto a receber,
- Caso a empresa não disponha de muitos recursos no momento, você pode negociar o aumento do valor gradualmente. Mas desde que todo esse compromisso seja documentado, com informações objetivas e números,
- Aceitar ou não a proposta final depende de seu grau de necessidade pelo emprego, mas tente sempre o valor.

Aumentando o valor do salário

- A negociação tem grandes chances de ser bem sucedida se você souber vender sua força de trabalho adequadamente. Enxergue-se como um produto e saiba vendê-lo. Isto quer dizer que aumentar seu salário deve ser um bom negócio também para a empresa. Por isso, capriche no marketing pessoal e descubra qual a maneira de fazer com que sua proposta gere valor agregado para a organização. Negociar por negociar pode não te levar a lugar algum. Precisa haver vantagens para a empresa, também,
- O momento certo de pedir aumento depende da circunstância em que você e a empresa se encontram. Para encontrar a melhor oportunidade, não deixe de pesquisar sobre como a empresa se encontra financeiramente,

É importante que você tenha consciência que: quem recebe tem a certeza que esta ganhando pouco; e quem paga, tem a convicção que esta pagando muito. Assim sendo, quando for negociar seu salário, faça-o bem, pois conseguir um aumento esta se tornando cada vez mais difícil.

Se não está satisfeito com o que ganha, escolha uma ou mude para uma profissão que lhe ofereça melhores salários. Abaixo, alguns cargos e respectivos salários. Se todos estão abaixo de suas expectativas, monte seu próprio negócio, e boa sorte.

Perfil do Banco de Salários	
Áreas de atuação pesquisadas	22 Áreas
Total de cargos pesquisados	110 Cargos
Porte das empresas	Pequeno e médio porte
Segmentos pesquisados	Indústria, comércio e serviços
Localidades pesquisadas	Sp capital e sp interior
Base do banco de salários	Janeiro 2010

Área Administrativa	Menor	Médio	Maior
Coordenador serviços administrativos	5.154,39	7.087,57	8.410,63
Encarregado serviços administrativos	3.559,04	4.270,85	5.954,91
Motorista de diretoria	1.746,60	2.108,53	2.273,05
Secretária de diretoria	3.784,20	4.743,22	5.514,12
Secretária bilíngüe	2.900,86	3.376,17	4.723,63

Secretária português	1.519,86	2.290,80	3.576,20
Assistente administrativo	1.389,96	1.785,11	2.443,87
Auxiliar administrativo	733,16	1.231,98	1.864,51
Auxilar de escritório	631,73	1.117,49	1.466,55
Mensageiro (menor)	470,42	729,99	804,15
Telefonista / recepcionista (8 h)	775,08	865,47	1.022,52
Porteiro	840,09	1.126,61	1.554,77
Copeira	756,84	980,65	1.283,38

Área de almoxarifado e expedição	Menor	Médio	Maior
Supervisor de almoxarifado	1.295,96	3.404,10	4.006,42
Almoxarife	1.305,73	2.000,49	2.393,83
Auxiliar de almoxarifado	864,88	1.303,85	1.643,94
Supervisor de expedição	2.276,99	3.540,60	4.655,55
Auxiliar de expedição	1.086,94	1.338,31	1.462,83
Analista de faturamento	1.562,59	1.938,83	2.561,38
Assistente de faturamento	1.095,26	1.518,20	2.288,08
Faturista	1.342,27	1.587,44	1.832,62

Área de comércio exterior	Menor	Médio	Maior
Coordenador de comércio exterior	4.275,91	7.199,92	8.174,60
Analista de comércio exterior	2.454,35	4.164,41	5.057,49
Assistente de comércio exterior	2.080,78	2.524,14	3.238,16
Auxiliar de comércio exterior	1.195,17	1.302,01	1.408,86

Área de compras	Menor	Médio	Maior
Coordenador de compras	4.980,85	7.414,25	9.847,65
Comprador	2.804,63	3.879,35	4.906,49
Analista de compras	2.135,37	2.959,24	3.928,00
Assistente de compras	1.465,03	2.038,06	2.948,43
Auxiliar de compras	1.238,49	1.374,88	1.784,03

Área contábil	Menor	Médio	Maior
Coordenador de contabilidade	4.133,64	6.066,60	7.447,30
Analista contábil	1.901,74	2.734,53	3.449,26
Assistente contábil	1.497,75	2.093,83	2.668,61
Auxiliar contábil	1.108,38	1.277,30	1.784,03

Área de controle de qualidade	Menor	Médio	Maior
Coordenador de controle de qualidade	5.529,87	6.649,77	8.019,40
Supervisor de controle de qualidade	3.406,33	4.655,18	6.467,48
Analista de controle de qualidade	2.501,90	3.280,36	4.025,31
Inspetor de controle de qualidade	1.544,51	1.739,83	2.130,08
Auxiliar de controle de qualidade	1.184,90	1.349,71	1.839,40

70 | Orientações para seu Sucesso Profissional

área de crédito e cobrança	Menor	Médio	Maior
Coordenador de crédito e cobrança	4.184,84	7.465,74	9.184,31
Analista de crédito e cobrança	2.158,68	2.658,49	3.744,20
Assistente de crédito e cobrança	1.852,27	1.972,79	2.213,82
Auxiliar de crédito e cobrança	983,37	1.296,42	1.822,43

área de custo e orçamento	Menor	Médio	Maior
Coordenador de custo e orçamento	6.262,31	7.008,34	7.908,98
Analista de custo e orçamento	2.839,58	3.070,61	3.381,99
Auxiliar de custo e orçamento	1.022,82	1.219,59	1.416,37

área financeira	Menor	Médio	Maior
Coordenador financeiro	4.200,87	7.502,05	10.295,36
Analista financeiro	1.790,81	2.738,92	3.840,78
Assistente financeiro	1.137,51	1.827,03	2.265,82
Auxiliar financeiro	837,95	1.325,24	1.617,61

área fiscal	Menor	Médio	Maior
Coordenador fiscal	4.191,10	7.394,33	8.874,49
Analista fiscal	1.789,85	2.917,31	4.981,72
Assistente fiscal	1.299,33	1.814,25	2.273,76
Auxiliar fiscal	1.003,69	1.286,64	2.064,77

área de garantia da qualidade	Menor	Médio	Maior
Coordenador de garantia da qualidade	5.208,14	6.947,79	7.538,13
Analista de garantia da qualidade	2.898,70	3.495,52	4.067,47
Assistente de garantia da qualidade	1.719,11	2.588,39	2.840,31

área de logística	Menor	Médio	Maior
Coordenador de logística	3.973,41	6.133,11	8.292,80
Analista de logística	1.512,60	2.392,70	3.058,71
Assistente de logística	1.147,15	2.039,87	2.690,03
Auxiliar de logística	1.022,82	1.106,07	1.714,78

área de manutenção	Menor	Médio	Maior
Coordenador de manutenção	5.496,52	6.359,54	7.797,91
Supervisor de manutenção	3.795,91	4.039,82	4.663,14
Programador de manutenção	1.765,00	2.552,73	3.340,46
Auxiliar de manutenção	1.077,63	1.374,97	1.756,04
Metrologista	1.643,42	2.123,48	2.411,08

área de marketing	Menor	Médio	Maior
Coordenador de marketing	7.056,98	7.463,13	8.681,57
Analista de marketing	1.949,22	3.380,60	4.182,00
Assistente de marketing	1.411,51	2.241,18	3.827,57
Auxiliar de marketing	1.020,00	1.198,50	1.532,65

área de pcp	Menor	Médio	Maior
Coordenador de pcp	4.121,53	5.880,65	8.343,62
Analista de pcp	2.146,72	2.920,93	4.004,76
Programador de pcp	1.993,61	2.354,74	3.021,86
Auxiliar de pcp	1.116,88	1.230,41	1.445,18

área de produçao	Menor	Médio	Maior
Coordenador de produção	2.996,45	6.382,35	10.383,87
Supervisor de produção	3.076,86	3.954,60	4.892,87
Programador de produção	1.321,20	2.553,00	3.534,78
Auxiliar de produção	807,85	1.010,09	1.329,84

área de recursos humanos	Menor	Médio	Maior
Coordenador de recursos humanos	4.298,94	7.461,17	9.358,50
Analista de recursos humanos	2.284,39	3.018,11	4.240,98
Assistente de recursos humanos	1.516,05	1.759,46	2.684,40
Médico do trabalho (4 h)	4.020,25	4.572,20	6.473,33
Auxiliar de enfermagem do trabalho	1.247,54	1.994,63	2.535,81
Técnico de segurança do trabalho	2.101,73	2.998,65	3.743,54
Analista de dep. Pessoal / folha de pgto.	1.753,55	2.781,62	3.827,61
Auxiliar de dep. Pessoal	901,11	1.190,52	1.479,92

área de tecnologia da informação	Menor	Médio	Maior
Coordenador de ti	6.263,09	8.350,63	9.841,71
Administrador de rede	4.032,78	4.499,66	6.367,72
Analista de sistemas	3.696,88	4.908,67	6.183,33
Analista de segurança de sistemas	3.500,22	4.318,80	5.235,68
Coordenador de suporte técnico	4.258,01	5.598,80	8.069,44
Analista de suporte	3.059,50	3.703,66	4.100,24
Técnico de informática	1.350,96	1.653,93	2.190,20

área de teleatendimento	Menor	Médio	Maior
Coordenador de teleatendimento	1.414,92	2.238,29	2.989,77
Líder de equipe (6 h)	683,07	992,56	1.397,49
Operador de teleatendimento (6 h)	575,28	694,62	933,50
Analista de help desk	1.828,77	1.908,24	2.156,58

área de tesouraria	Menor	Médio	Maior
Coordenador de tesouraria	4.862,35	6.421,43	9.426,97
Analista de tesouraria	2.066,83	2.644,79	3.139,32
Assistente de tesouraria	1.482,36	2.026,10	2.663,61
Auxiliar de tesouraria	1.140,17	1.419,02	1.684,77

área de vendas	Menor	Médio	Maior
Coordenador de vendas	6.857,36	9.125,24	11.393,11
Supervisor de vendas	5.192,81	5.802,93	7.635,55
Vendedor	3.294,92	3.917,72	4.748,10
Analista de vendas	2.187,21	3.046,32	3.720,66
Assistente de vendas	1.573,66	1.875,43	2.956,00
Assistente administração de vendas	1.270,91	1.591,78	2.453,24
Auxiliar de vendas	981,73	1.251,38	1.521,02

bolsa de estágio	Menor	Médio	Maior
Estagiário 4o. Ano (geral)	816,00	1.224,00	1.479,00
Estagiário 5o. Ano (geral)	969,00	1.326,00	1.836,00

CAPITULO 11

A APRESENTAÇÃO PESSOAL

Se você é um daqueles que acha que ninguém tem nada a ver com a forma que você se veste, ou que as roupas não implicam em nada; repense todos os seus conceitos. Roupas discretas e dentro dos padrões normais da sociedade têm melhor aceitação dentro das empresas, assim como, sapatos engraxados, tênis limpo, barba e cabelos aparados são pontos que contam a favor de quem quer ingressar no mercado de trabalho, ou mudar de emprego.

Evidentemente para cada tipo de profissão existe um perfil quanto à apresentação pessoal. O importante é que deixemos nossos credos, rebeldias, excesso de vaidade de lado e procuremos nos moldar aos padrões praticados pela empresa.

A maioria das empresas adotou os uniformes por imposição dos direitos trabalhistas; e também por opção organizacional. Antigamente somente os setores produtivos utilizavam uniformes, mas nos dias de hoje é comum os administrativos também usarem. Isto é muito bom porque o local de trabalho não se torna uma passarela de desfile de modas, ou ainda, palco de protesto dos jovens.

O ditado a roupa não faz o monge, não é válido dentro das empresas, por isso prepare-se para deixar muitas coisas para trás e se enquadrar dentro dos padrões do que é considerado normal, ou então, procure uma atividade que seus hábitos não sejam tão controlados.

O marketing pessoal

Pode ser definido como o conjunto de fatores e atitudes que transmitem uma imagem da pessoa. Os fatores incluem vestimenta como um todo, os modos pessoais, o modo de falar e a postura do profissional diante dos demais.

Referindo-se à vestimenta, cabe salientar que o profissional deve vestir-se adequadamente ao ambiente em que está inserido. Se a sua empresa adota um padrão formal, obviamente a sua vestimenta deve estar em conformidade com ela e o mesmo se refere a uma entrevista de emprego. Da mesma forma, seria um contrassenso usar terno e gravata para trabalhar em uma linha de produção. Portanto, a regra básica é vestir-se em conformidade com o ambiente de trabalho.

No aspecto da vestimenta, os profissionais liberais, como consultores, advogados, contabilistas e outros, devem ser razoáveis e terem bom senso. Devem vestir-se adequadamente, de forma a representar a qualidade dos seus serviços, uma vez que os serviços são intangíveis, e os clientes em potencial vão procurar essas referências para avaliar essa qualidade. Por isso a imagem é tão importante. Podem dizer o que for sobre isso, mas a verdade é que você pode ter dois profissionais, um preparadíssimo no aspecto técnico, mas com vestimenta desleixada, barba por fazer e dentes estragados e do outro lado você tem outro profissional, tecnicamente bom, mas não tanto quanto o anterior, porém com um marketing pessoal impecável. Certamente o segundo será o contratado.

Segundo pesquisas a aparência pessoal é fator determinante na contratação para cerca de 76% das empresas contratantes. A sua vestimenta passa a sua imagem diante das pessoas. Para aqueles que não acreditam que a vestimenta possa mudar a visão que se faz do profissional basta que um homem vá ao Fórum de terno impecável. Ele será tratado como advogado sendo chamado de doutor. Já se um homem for vestido de jeans, ele será tratado como réu. Saliento que não basta vestir-se adequadamente se não houver bom senso. Imagine um profissional vestido com um terno laranja e uma gravata vermelha.

Cuidados que você precisa tomar

- **Modos**: Gírias, frases da moda e palavrões não são bem aceitos nos tratos com os colegas de trabalho e superiores. Por isso, observe o ambiente e a cultura da empresa e ajuste a sua linguagem de forma apropriada ao ambiente.

- **Falta de higiene pessoal:** Existem pessoas que cheiram mal e não se dão conta disso! Mas tenha certeza que as pessoas em sua volta percebem isso muito bem. Portanto, cuidado com a falta de banho, odores de suor e outros fatores relacionados com a higiene pessoal.

- **Dentes:** Se existe algo, que joga a imagem de um profissional na lama apenas com um sorriso, são dentes mal cuidados ou a falta deles. Não existe papo que convença o contrário dessa imagem negativa. Como é impossível falar sem mostrar os dentes, a única alternativa que resta é cuidar deles.

- **Hálito:** Esse problema, de modo geral, o próprio profissional tende a não perceber, mas ao se aproximarem dele as pessoas percebem muito bem. A verdade é que hoje existem vários tratamentos para isso, independente da origem do problema, cabe ao profissional cuidar desse problema.

- **Excessos:** Tudo em excesso incomoda. Roupas com muitas cores diferentes fazem com a pessoa parecer um arco-íris o que denigre a imagem do profissional. Do mesmo modo, o excesso de formalidade ou informalidade no modo de se vestir pode prejudicar sua imagem.

- **Erros de língua portuguesa:** Em um país onde se exige do profissional que domine outros idiomas, a verdade é que observamos erros de português grosseiros, o que é inadmissível para algumas funções que o profissional venha a exercer. É claro que todos nós cometemos pequenos deslizes de gramática ou concordância, mesmo porque o nosso idioma é muito complexo. Mas acontece que muitos profissionais se esquecem de aprender a falar o português corretamente. De qualquer forma, não adianta, também, utilizar uma linguagem extremamente formal, pois o profissional deixa de ser natural e incomoda os outros.

- **Postura correta:** Observe o seu modo de andar. Existem pessoas que andam olhando para baixo, com os ombros caídos. Isso denota insegurança e por isso deve-se tomar cuidado, mantendo a postura adequada.

- **Arrogância:** Se existe algo que pode derrubar a imagem de um profissional é quando ele se acha melhor que os outros.

  Comentário: Jack Wilco, ex-presidente da General Eletric, já considerado um dos melhores *Chief Executive Officer* (executivo principal) do mundo certa vez ao ser perguntado sobre o que devia todo seu sucesso empresarial, ele disse que simplesmente colocava as pessoas certas nos locais certos e saía da frente delas. Ele poderia simplesmente falar de si próprio, mas não, ele reconhecia a qualificação dos seus colaboradores.

- **Atenção:** Quando uma pessoa estiver falando com você olhe para ela mostrando que você a está escutando e não apenas ouvindo. Algumas pessoas olham para as outras quando estão falando, como se não estivessem olhando, ou seja, apesar de olharem, não estão prestando atenção no que está sendo dito. Isso causa uma péssima impressão

CAPITULO 12

O CURRÍCULO

No passado, era possível chegar em uma empresa e conversar com os patrões ou alguém que fizesse as contratações em nome deles, os chamados administradores. Houve uma época que empresas contratavam "Kombis" com alto falante e saia anunciando as vagas pelas ruas; e pasmem os mais jovens! Era comum essas peruas já trazerem os interessados nas vagas... O tempo passou, e sequer somos recebidos nas portarias das empresas.

Há algum tempo, não passamos de um pedaço de papel para as empresas, que sob meu ponto de vista não dão o valor necessário a este papel chamado de currículo, ou curriculum vitae, que é um documento nosso, portanto deveriam devolver ao dono se não estão interessados.

É de vital importância que seu currículo tenha destino certo, senão correrá risco de acabar no cesto de lixo.

No princípio, o currículo era elaborado com o maior número de páginas possíveis. A ideia era, quanto mais papel mais informações e; consequentemente maiores eram as chances de ser escolhido. Porém a globalização chegou, o tempo para leitura dos recrutadores diminuiu e os currículos com apenas uma página passaram a ser os melhores.

Em um mundo capitalista; apesar de muitos negarem, não demorou para surgirem os especialistas e agências se propondo a elaborar e colocar os currículos nas mesas dos recrutadores. Desesperados por conseguir um emprego, as pessoas pagam pelo serviço e na maioria das vezes continuam na fila de desempregados.

Não deixe que a falta de respostas das empresas, agências e recolocadoras o faça se sentir excluído do mercado de trabalho. Continue tentando, pois só assim vencerá.

Em um mercado de busca de profissionais que nem os anúncios de vagas são explícitos. **É normal anunciarem:**

Empresa de grande porte está selecionando para seu quadro de funcionários: SECRETÁRIA, exigimos idade acima de 20 anos, excelente datilografia e conhecimentos de informática. Experiência na função. Oferecemos ótimo salário e demais benefícios de uma empresa de grande porte. Desejável Inglês e formação superior

Porém o perfil verdadeiro é:

Secretária, idade 25 anos, simpática, bonita, corpo escultural, discreta, solteira, sem filhos, exímia digitadora, experiência em Windows XP, pacote Office, Acrobat 9 Pro Extended, Nero StartSmart, disponibilidade para serviços extraordinários. Experiência mínima de cinco anos em empresas de grande porte do ramo de tecelagem e confecções. Damos preferência às candidatas com habilitação B e com graduação em Economia com ênfase em Comércio exterior. Salário R$ 750,00.

Quando a seleção é feita por agências, os anúncios são menos informativos ainda, e o candidato só vai saber das suas possibilidades depois de enfrentar filas enormes, com o absurdo de ter que preencher uma ficha apesar do currículo estar em suas mãos. Paciência e seja político, pois o sistema é esse.

Criar o seu currículo profissional e mantê-lo atualizado é uma atividade que ajuda a visualizar o andamento da sua carreira, e pode fazer a diferença na hora em que você precisar concorrer com outras pessoas por uma vaga, principalmente quando houver pré-seleção (a partir dos currículos, sem chance de um contato adicional) para ver quem passará para a fase das entrevistas.

Detalhes para elaboração de um bom currículo

- Procure se informar (no site da empresa, na imprensa ou de outra forma) sobre o que fazem as empresas para as quais você vai entregar o currículo, e que tipo de profissionais elas procuram. Escreva os currículos dando destaque às características que você tem e que se adequam ao perfil que a empresa deseja.
- Não há problema em ver modelos de currículos divulgados na imprensa ou em sites especializados, mas não os copie. Lembre-se que o seu avaliador provavelmente vai receber vários outros iguais a aquele modelo, e tudo o que você não quer é ser apenas "mais um".

- As informações de contato são essenciais. Elas devem vir no alto, em destaque, na primeira folha. Não procure ser mais extensivo do que o necessário: nome completo, telefone fixo, telefone celular e e-mail. Evite múltiplos telefones fixos ou e-mails, a não ser que você tenha uma boa justificativa: o mínimo que se espera de um possível contratado é que ele consiga decidir qual o seu telefone e o seu e-mail de contato.

- Se você está procurando ao mesmo tempo uma colocação como professor de violão clássico e como programador web, faça um currículo separado para cada uma das vagas, sem misturar neles as aptidões tão diferentes entre si.

- É essencial incluir informações corretas e completas, de forma direta e concisa. Tentar mascarar informações que a empresa vai descobrir depois é um risco desnecessário, e pode levar a uma posterior avaliação negativa simplesmente pelo fato de você ter tentado.

- Leia e releia, remova os erros de ortografia e gramática. Pontue, acentue. Entregue para alguém revisar, e verifique inclusive os dados e números.

- Dificilmente o seu avaliador desejará saber onde você fez a pré-escola. Mas é certo que ele queira saber se você fez cursos de informática ou de formação profissional em alguma área. Não inclua informações que não sejam relevantes, pois poderá representar uma confissão de que o candidato não tem nada de mais relevante para informar, ou que não tem discernimento do que é importante.

- A parte mais importante do seu currículo é o conteúdo, mas você definitivamente não deseja causar má impressão. Imprima com capricho, e entregue originais, e não Xerox em cada empresa. Se você tiver que corrigir alguma coisa, simplesmente edite e imprima de novo, nada de alterar escrevendo com esferográfica sobre o seu original desatualizado.

Exemplo de currículo

Seu nome completo

Seu endereço completo com CEP   Seu e-mail – Seu telefone

Objetivo: Vagas na área de....

Cargo(s) desejado(s):

Formação

- Faça aqui uma lista com seus cursos, começando pelo mais recente (pós, graduação, médio, fundamental, etc.).
- Para cada um deles, informe o nome do curso, a escola e a instituição, e o ano de conclusão (ou diga que está em andamento)
- Mencione em destaque os cursos profissionalizantes, técnicos ou outros diretamente relacionados à sua profissão ou cargo desejado.
- Cursos complementares (digitação, informática, idiomas, vendas, etc.) podem ser mencionados de maneira resumida e agrupada.
- Veja um exemplo completo em www.efetividade.net/curriculo

Experiência

- Faça uma lista com suas últimas 3 a 5 colocações
- Não há problema em incluir estágios e trabalhos temporários
- Para cada emprego, informe no mínimo o período, o cargo, a empresa e a natureza geral da atividade.
- Exemplo: 2006 a 2008 – Auxiliar administrativo na Comercial Hidramax, desempenhando atividades diversas de apoio a práticas contábeis, faturamento e vendas.
- Se você NÃO TIVER EXPERIÊNCIA PROFISSIONAL, pode remover completamente esta seção, inclusive o título dela – e para saber mais dicas sobre este caso, visite www.efetividade.net/?p=432

Atividades complementares

- Aqui você pode listar outras atividades que você fez (tesoureiro de classe, instrutor de capoeira, voluntário em projetos) que ajudem a mostrar que você tem iniciativa, espírito de equipe, etc.
- Veja um exemplo completo em www.efetividade.net/curriculo

Outras informações

Outros dados que possam interessar ao recrutador: a cidade em que você mora, disponibilidade para mudar de endereço, se você tem condução própria, habilitação, etc.

CAPÍTULO 13

O ESTÁGIO

Estágio é **um conjunto de atividades planejadas e monitoradas**, úteis à edificação do conhecimento do estudante, permitindo-lhe aplicar conceitos teóricos a situações reais. Efetuado em organizações concedentes (organizações privadas, públicas e do Terceiro Setor), o estágio é estratégico para capacitar e introduzir o estudante no mundo do trabalho.

Pela legislação vigente, não há **carga horária** mínima ou máxima permitida para o estágio; a exigência é que o horário do estágio não conflite com o horário escolar. No entanto, o CIEE recomenda que a jornada diária não ultrapasse o máximo de 8 horas, para que seja admitida uma margem de tempo para locomoção e refeição, sem prejuízo dos compromissos escolares.

Não há definição legal a respeito; no entanto, as instituições de ensino e o próprio CIEE recomendam que a **efetivação** ocorra após um período mínimo de seis meses de estágio, para que a empresa tenha critérios suficientes para uma avaliação adequada do potencial do aluno.

A Lei n.º 6494/77 e o Decreto n.º 87497/82 não tratam da **anotação do estágio na respectiva Carteira de Trabalho e Previdência social – CTPS.** O Ministério do Trabalho, inclusive, já se manifestou sobre o assunto, enfatizando que não é necessária a anotação do estágio na CTPS do estudante. Caso a empresa decida registrar, nada deve ser anotado na folha referente ao Contrato de Trabalho, podendo constar na parte de Anotações Gerais, os seguintes dados: curso frequentado pelo estudante; nome da escola em que está matriculado; nome da empresa concedente; as datas de início e término de estágio, com respectivas assinaturas.

Estágio **não é emprego**. Por isso, não se aplica ao estagiário a legislação trabalhista, que se refere ao pagamento de horas extras e comissões. No entanto, as empresas, por deliberação, podem, a título de reembolso, custear despesas dos estagiários com eventuais viagens, refeições e trabalhos externos.

O estágio interessa para a empresa porque permite o cumprimento de seu papel social, ajudando a formar as novas gerações de profissionais que o país necessita. Antecipa a preparação e a formação de um quadro qualificado de recursos humanos e permite a descoberta de novos talentos, preparando a empresa para o futuro; Cria e mantém um espírito de renovação e oxigenação permanente, proporcionando um canal eficiente para o acompanhamento de avanços tecnológicos e conceituais e é um eficiente recurso de formação e aprimoramento de futuros profissionais. Eficiente sistema de recrutamento e seleção de novos profissionais, reduz o investimento de tempo, de meios de trabalho e de salários a que está sujeita, quando contrata profissionais recém-formados, sem prática, permitindo ampliar ou renovar seus quadros funcionais, técnicos e administrativos, com custos reduzidos; isenção de encargos sociais e trabalhistas, decorrentes da não vinculação empregatícia.

Melhores empresas do país para se estagiar

Empresa (áreas de atuação)		3M do Brasil (industrial, elétrico, eletrônico, comunicação gráfica, entre outras)	
Funcionários e estagiários	**Localização**	**Cursos exigidos**	**Destaques do programa**
3.500 / 118	Sumaré, Mairinque, Ribeirão Preto, Itapetininga	Áreas de administração, comércio exterior, engenharia, marketing, fisioterapia, direito	Treinos técnicos e comportamentais, valorização do papel do estagiário, orientação especializada
Empresa (áreas de atuação)		Accor Hotels (hotelaria)	
7.183 / 158	São Paulo	Áreas de marketing, administração de empresas, engenharia e hotelaria	Os estagiários passam por processos de avaliação duas vezes ao ano e, nessas ocasiões, podem sugerir melhorias e tecer críticas sobre as áreas em que atuam
Empresa (áreas de atuação)		Agência Um (eventos corporativos)	
27 / 26	São Paulo	Áreas de turismo, publicidade e propaganda, ciências da computação, administração de empresas e ciências contábeis	Oferece plano de carreira

Empresa (áreas de atuação)		Alcan (indústria de embalagens)	
500 / 25	São Paulo	Áreas de química, engenharia, economia, ciências contábeis, artes gráficas, administração de empresas e ambiente	Participam dos treinamentos da empresa junto com os funcionários contratados
Empresa (áreas de atuação)		Apsen (indústria farmacêutica)	
517 / 91	São Paulo	Áreas de administração de empresas, farmácia, bioquímica, psicologia, publicidade e propaganda, biologia, marketing e ciências contábeis	Encontros quinzenais entre estagiários de diferentes áreas para troca de informações
Empresa (áreas de atuação)		Associação Comercial de São Paulo (crédito pessoal e empresarial)	
800 / 91	São Paulo	Áreas de direito, administração, marketing e informática	Contato direto com clientes e profissionais de alto nível, além da possibilidade de fazer cursos e atualização constante
Empresa (áreas de atuação)		Associação Cristã de Moços de Sorocaba (serviços nas áreas de saúde, atividade física, esportes, lazer, desenvolvimento social, educação e cultura)	
213 / 12	Sorocaba	Educação física	Proximidade com profissionais da área e atuação junto à comunidade através da faculdade de educação física mantida pela ACM

Empresa (áreas de atuação)		Audatex Brasil (prestadora de serviços em sinistros)	
72 / 19	São Paulo	Áreas de sistemas de informação, engenharia da computação, cursos de informática, administração de empresas, desenho industrial e engenharia mecânica	Os estagiários são avaliados anualmente
Empresa (áreas de atuação)		Audifar (distribuidora farmacêutica)	
857 / 79	São Paulo	Áreas de administração de empresas, direito, economia, contabilidade e marketing	Possuem um programa específico para acompanhamento dos estagiários
Empresa (áreas de atuação)		Bauducco (indústria alimentícia)	
não divulgado	São Paulo	Não divulgados	Não divulgados
Empresa (áreas de atuação)		Braile Biomédica (indústria de produtos hospitalares, especialmente os da áreas cardíaca)	
500 / 20	São José do Rio Preto - SP	Áreas de direito, farmácia, fisioterapia, engenharias elétrica e da computação, arquitetura, ciências biológicas, administração de empresas, além de estudantes do ensino médio e técnico nas áreas de mecânica, eletrônica, desenho industrial e gestão de negócios	Empresa atua em parceria com universidades e escolas técnicas do interior paulista
Empresa (áreas de atuação)		Brasilprev Seguros e Previdência (previdência complementar)	
401 / 26	São Paulo	Áreas de direito, marketing, ciências da computação, cursos de informática, contabilidade, economia, comunicação	Estagiários participam de encontros bimestrais para acompanhamento de seu desenvolvimento profissional

Empresa (áreas de atuação)		Braskem (petroquímica)	
3.500 /240	São Paulo	Áreas de engenharias química, elétrica, mecânica, civil, ambiental, sanitária, eletrônica, mecatrônica e de produção, administração de empresas, contabilidade, economia, psicologia, direito e secretariado	Estagiários que se destacam podem seguir na empresa pelo programa de trainee
Empresa (áreas de atuação)		Canova, Abramides Gonçalves (direito)	
3.500 /240	São Paulo	Áreas de engenharias química, elétrica, mecânica, civil, ambiental, sanitária, eletrônica, mecatrônica e de produção, administração de empresas, contabilidade, economia, psicologia, direito e secretariado	Estagiários que se destacam podem seguir na empresa pelo programa de trainee
Empresa (áreas de atuação)		Canova, Abramides Gonçalves (direito)	
60 / 35	Bauru, Marília, Ribeirão Preto, São José do Rio Preto e São Paulo	Direito	Possibilidade de efetivação e contato com diferentes tipos de clientes
Empresa (áreas de atuação)		Comunidade Inamar de Educação e Assistência Social (assistência e educação)	
166 / 43	São Paulo	Pedagogia, psicologia e educação física	Treinamentos, planejamentos, reuniões diárias e cursos externos

Empresa (áreas de atuação)	Cooperativa de Crédito Rural Coopercitrus-Credicitrus (cooperativa de crédito rural)	
230 / 51 — Bebedouro, Viradouro, Monte Alto, Taquaritinga, Itápolis, Monte Azul Paulista, Barretos, Olímpia, Catanduva, Pirassununga, São José do Rio Preto, Ribeirão Preto, Matão, Novo Horizonte, Limeira, Araraquara, Jales, Monte Aprazível, Colina, Mogi Mirim, Nova Granada, Araçatuba, Fernandópolis, Aguaí, Ibitinga, Uberlândia, Pirangi, São Paulo e Guairá	Administrativa, comercial	Acompanhamento do desenvolvimento do estagiário, bom ambiente de trabalho e grandes possibilidades de efetivação
Empresa (áreas de atuação)	Duke Energy (energia elétrica)	
291 / 20 — São Paulo	Áreas de letras, ciências biológicas, ciências contábeis, administração de empresas, geografia, engenharias civil, elétrica e de agricultura, direito, letras e cursos técnicos de eletrônica, saúde e segurança	Os estagiários atuam nos escritórios da empresa, assim como nas usinas, adquirindo conhecimento global sobre o negócio
Empresa (áreas de atuação)	EMC-Brasil (produção de hardware, softwares e serviços relacionados ao armazenamento de informações)	

265 efetivos; 30 terceirizados / 22	São Paulo	Áreas de tecnologia e administração	Estagiários atuam junto de profissionais contratados e têm oportunidade de participar de treinamentos fora do país
Empresa (áreas de atuação)		EMS-Sigma Pharma (indústria farmacêutica)	
mais de 3.700 /mais de 650	Hortolândia, São Paulo e outros	Administração, comunicação, ciências contábeis, química e bioquímica	São oferecidos treinamento técnico e comportamental. Também há boas condições de efetivação
Empresa (áreas de atuação)		Escandinavia Veículos (concessionária de caminhões Scania)	
80 / 18	São José do Rio Preto	Administração, informática, direito	Incentivo ao aprendizado global e oportunidade de efetivação
Empresa (áreas de atuação)		Fundação Gol de Letra (programas de educação comunitária, lazer, cultura e proteção social)	
50 / 12	São Paulo	Áreas de informática, serviço social, psicologia, administração, comunicação	Responsabilidade com a formação do estagiário, respeito e vínculo e acolhida em relação ao participante do programa
Empresa (áreas de atuação)		Grupo Nova América (indústria alimentícia e sucro-alcooleira)	
7.873 / 57	São Paulo	Áreas de engenharia elétrica, mecânica e química, educação física, administração de empresas, psicologia, análise de sistemas e cursos técnicos como segurança no trabalho	O estagiário tem acompanhamento regular e deve entregar um relatório com sua avaliação sobre a empresa e a áreas em que atuou, oferecendo sugestões de melhoria nos procedimentos e com espaço para críticas no término de estágio

Empresa (áreas de atuação)		Infraero (aviação)	
2.804 / 125	São Paulo, Guarulhos, Campo Grande e Campinas	Áreas de engenharia civil, arquitetura, direito, jornalismo, relações públicas, psicologia, serviço social, turismo e técnicos de eletrônica, informática	Colaboração efetiva dos estagiários e interesse das demais empresas aeroportuárias na efetivação dos estudantes
Empresa (áreas de atuação)		Intellectual Capital (gerenciamento de fundos de investimento e carteiras administrativas)	
68 / 12	São Paulo	Áreas de tecnologia da informação, ciência da computação, tecnologia em segurança de sistemas e desenvolvimento de software, administração e economia	Os estagiários recebem treinamentos específicos na áreas em que atuam e, depois de um ano de estágio, podem ser alocados em outras áreas da empresa caso tenham interesse
Empresa (áreas de atuação)		J&W Informática (desenvolvimento de softwares, especialmente para a áreas de trânsito)	
200 / 22	São Paulo	Áreas de ciências da computação, processamento de dados, análise de sistemas, cursos de informática, direito e administração de empresas	O estagiário presta atendimento ao cliente e deve conhecer profundamente os produtos da empresa para resolver problemas técnicos
Empresa (áreas de atuação)		Kaizen Consultoria e Serviços em Informática (tecnologia de informação)	
145 / 14	Indaiatuba	Áreas de informática e administração	Altas possibilidades de efetivação, flexibilidade de horários

Orientações para seu Sucesso Profissional

Empresa (áreas de atuação)		Macro Auditoria e Consultoria (consultoria empresarial, auditorias, contábeis, tributárias e trabalhistas)	
cerca de 50 / 12	São Paulo	Áreas de administração de empresas, ciências contábeis, economia e direito	A maior parte do estágio ocorre em campo, nos escritórios dos clientes
Empresa (áreas de atuação)		Metso Brasil (equipamentos e sistemas para a indústria de processo, tecnologia e serviços)	
1.639 / 137	Sorocaba, Belém, Curitiba e Belo Horizonte	Engenharia, administração, tecnologia da informação, marketing	Rodízio por diversas áreas da empresa durante o programa
Empresa (áreas de atuação)		Microlins Franchising Brasil (franqueadora no segmento de cursos profissionalizantes)	
100 / 30	São Paulo	Áreas de administração e informática	Oportunidade de pôr em prática o que é aprendido na faculdade, chances de efetivação e de seguir carreira na empresa
Empresa (áreas de atuação)		ONG Futurong (crédito pessoal e empresarial)	
50 / 18	São Paulo	Áreas de pedagogia, serviço social, informática, administração, marketing e educação física	Valorização do papel do estagiário, que é visto como "agente multiplicador" dos ideais da entidade
Empresa (áreas de atuação)		Pilkington (produção de vidros)	
1.350 / 52	Caçapava	Áreas de engenharia, administração, jurídico, serviço social, secretariado	Foco principalmente na importância de um plano de carreira

Empresa (áreas de atuação)		Praiamar Shopping (compras, lazer e entretenimento)	
120 / 20	Santos - SP	Auditoria	Treinamento constante, integração com vários departamentos da empresa, feedback constante
Empresa (áreas de atuação)		Prefeitura Municipal de Barretos (serviços públicos)	
2.273 / 240	Barretos	Áreas de saúde, recursos humanos, esportes, educação, comunicação, direito	Relacionamento com profissionais de vários tipos, várias capacitações
Empresa (áreas de atuação)		Prefeitura Municipal de Botucatu (prestação de serviços públicos)	
1.700 / 85	Botucatu	Áreas de administração, segurança, direito, cultura, turismo, assistência social e educação	Capacitação técnica e participativa nas áreas de atuação do estagiário
Empresa (áreas de atuação)		Prefeitura Municipal de Matão (serviços públicos)	
1.540 / 153	Matão	Áreas de administração, saúde, promoção social, educação, transportes, imprensa, jurídica, esportes, cultura, financeira, infraestrutura, ambiente e segurança pública	O estagiário é considerado agente motivador do servidor público
Empresa (áreas de atuação)		Prefeitura Municipal de Santa Cruz do Rio Pardo (serviços públicos)	
916 / 36	Santa Cruz do Rio Pardo	Áreas de saúde, esportes, administração, assistência social e nutrição	Cursos de capacitação, relacionamento com o público, "aprender na prática"

Empresa (áreas de atuação)		Prefeitura Municipal de São Joaquim da Barra (serviços públicos)	
785 / 21	São Joaquim da Barra	Não divulgados	Atendimento ao público, valorização do estagiário
Empresa (áreas de atuação)		Promon S.A. (soluções complexas para engenharia, comunicação e informática)	
800 / 79	São Paulo	Áreas de engenharia, economia, administração de empresas e cursos de informática	Os estagiários podem migrar de uma área a outra da empresa durante o programa
Empresa (áreas de atuação)		Rockwell Automation (automação industrial)	
350 / 35	São Paulo	áreas de engenharia, cursos de informática	o estudante tem acesso irrestrito às informações da áreas onde atua
Empresa (áreas de atuação)		Sabesp (saneamento básico)	
17.350 / 377	São Paulo	relacionadas às áreas técnicas e administrativas da empresa	oferta de vagas em várias cidades diferentes, acompanhamento de tutor e carga horária diária de 4h
Empresa (áreas de atuação)		Sebrae- SP (serviço apoio a micro e pequena empresa)	
620 / 108	São Paulo	Áreas de administração principalmente, mas também nas áreas de serviço social, comunicação, zootecnia	Tutores para os estagiários, além de oportunidade de questionar, propor alternativas, levantar hipóteses e receber orientação e ter feedback

Empresa (áreas de atuação)		Soquimica Laboratórios (distribuidora de medicamentos)	
55 / 18	São Paulo	Áreas de administração, pedagogia e estudantes de nível médio	Os estagiários podem circular por diferentes áreas da empresa e estagiários de nível médio recebem bolsa de estudo para cursarem a universidade
Empresa (áreas de atuação)		Tribunal Regional do Trabalho de São Paulo (judiciária e administrativa)	
3.514 / 316	São Paulo	Áreas de pedagogia, educação física, direito e informática	Bom ambiente de trabalho e política de recursos humanos voltados para o estagiário
Empresa (áreas de atuação)		TAM Linhas Aéreas (aviação comercial)	
11.500 / 46	São Paulo	Áreas de administração de empresas, engenharia, contabilidade e marketing	O estágio dura dois anos em média e o estagiário recebe detalhamento de suas funções e acompanhamento periódico
Empresa (áreas de atuação)		Tarraf Corretora (administradora e corretora de seguros)	
44 / 16	São Paulo	Áreas de economia, administração de empresas e alunos do curso médio	Os estagiários participam de treinamentos internos e externos em entidades como o SENAC (Serviço Nacional de Aprendizagem Comercial)
Empresa (áreas de atuação)		TV1 (comunicação)	
226 / 22	São Paulo	Áreas de direito, engenharia, publicidade, design gráfico e outros	Oferece palestras e oficinas de capacitação voltadas aos estagiários visando seu aprimoramento

100 | Orientações para seu Sucesso Profissional

Empresa (áreas de atuação)		TV Cultura (canal de televisão)	
1.240 / 164	São Paulo	Áreas de comunicação, programação, paisagismo, cenografia, administração, direito, informática	Coordenação específica para o estagiário, oportunidade de vivenciar várias áreas diferentes
Empresa (áreas de atuação)		Uniban (ensino)	
2.100 / 26	São Paulo, ABC e Osasco	Direito, administração, análise de sistemas, comunicação social, gestão da informação	Bolsa integral de estudos, possibilidade de efetivação, envolvimento em todos os procedimentos do setor em que atua, acesso a todas as atividades acadêmicas
Empresa (áreas de atuação)		Unimed S.J.R. Preto (planos de saúde)	
224 / 20	São Paulo	Áreas de administração de empresas, direito, farmácia, medicina, marketing e contabilidade	O estagiário é submetido a avaliações de desempenho e participa de treinamentos internos
Empresa (áreas de atuação)		Utell (turismo e hotelaria)	
40 / 21	São Paulo	Áreas de turismo e hotelaria	Os estagiários participam de workshops internos e campanhas motivacionais

(Fonte: Folha de São Paulo)

CAPÍTULO 14

O 1º EMPREGO

Existe uma preocupação importante para muitos jovens: como conseguir seu primeiro emprego! Por diversos motivos, a maioria deles gostaria, o quanto antes, de entrar no mercado de trabalho. Seja um estudante que precisa ajudar a família ou custear seus estudos, seja um buscando estágio, seja um recém-formado que esta "batalhando" para entrar no mercado e descobre surpreso, que seu *suado* diploma não é garantia de uma boa colocação profissional. O certo é que neste momento bate aquela insegurança, a falta de confiança, a dúvida e a incerteza de qual o melhor caminho deve seguir para vencer tamanho desafio.

Quem está em busca do primeiro emprego, normalmente começará sua vida profissional em funções mais simples, para poder adquirir certa experiência profissional, e ter a chance de mostrar seu valor e seu potencial, para em seguida aspirar a cargos mais altos.

O Programa Meu Primeiro Emprego do Governo Federal, visa quebrar uma espécie de tabu que existe, com as empresas em relação ao jovem de hoje, pois fala-se muito em experiência de trabalho, algo que quando o jovem sai da escola ele não tem. O objetivo principal do programa é essencialmente este, de dar esta experiência de trabalho que falta no jovem e assim inseri-lo no mercado de trabalho.

O maior problema encontrado hoje no Brasil é a falta de mão de obra especializada, e este é um dos objetivos do programa. Mas não existe apenas essa meta. O programa também tem suas metas de ação secundárias: tirar o jovem da rua, melhorar a qualidade de vida da família dos jovens assistidos pelo programa, aumentar a responsabilidade deles em relação a deveres enquanto cidadãos, e aumentar a autoestima do jovem.

O programa age sendo uma espécie de agência de empregos, o qual indica o jovem para trabalhar em algumas empresas interessadas, serve bolsas para os jovens e até pacotes como convênios de saúde e de acidentes de trabalho.

CAPÍTULO 15

AS ENTREVISTAS

Um trem sai da Estação da Luz de São Paulo e no percurso que faz até Rezende-RJ, passa por três túneis. Ao passar pelo terceiro ele solta a fumaça. Para que lado a fumaça vai?

- **Cuidado:** Trem que sai da Estação da Luz, só soltará fumaça se pegar fogo.

Antes das entrevistas técnicas, os candidatos passam primeiramente por recrutadores, dinâmica de grupo, avaliação psicológica, e só então, se aprovados, é que terão a oportunidade de demonstrar seus conhecimentos inerentes à sua profissão.

Só acenda um cigarro, caso seja fumante, se existir um cinzeiro ou se o recrutador acender um. Em contrário, mesmo que ele insista não fume.

- **Preferência:** As empresas dão preferências a candidatos não fumantes.

Ao entrar em uma sala para entrevista, observe tudo a sua volta de forma bem discreta, e cuidado quando lhe pedirem para voltar e fechar a porta. A maioria das empresas, escritórios, etc., dispõem de braços mecânicos que fecham as portas automaticamente.

Tenha opiniões formadas sobre os mais diversos assuntos, mantenha-se calmo e atento, e durante a entrevista mantenha a cabeça erguida e olhe nos olhos do entrevistador. Isto demonstra confiança.

Sempre que entregarem uma folha, espere por autorização e instruções sobre o que fazer com ela. Não responda nada antes de ler o documento por completo, pois em alguns casos você responderá trinta e nove perguntas e a quadragésima diz: só leia não responda nenhuma das perguntas.

Não há porque temer uma entrevista. Ao contrário, pense que pode ser uma oportunidade de você mostrar para a pessoa que está lhe entrevistando quais são as suas qualidades e por quais motivos deveria recomendar a sua contratação.

A entrevista nada mais é do que uma conversa entre duas pessoas, sempre com objetivos definidos para ambos. Uma entrevista de emprego só não é uma simples conversa, porque as duas pessoas estarão frente a frente para descobrir o que, no perfil de cada um, interessa ao outro.

Normalmente o entrevistador quer saber:

- Quem você é?
- O que você já fez?
- O que o seu último empregador acha de você?
- Que resultados você conseguiu nos últimos empregos?

- O que pode fazer para a empresa dele?
- O que pode conseguir fazendo o que faz para a empresa dele?

Leve sempre um currículo para a entrevista, pois o entrevistador pode não ter tido tempo de ler ou tenha lido há algum tempo e precisa refrescar a memória a respeito de suas informações profissionais.

O entrevistador pode durante a entrevista pedir nomes de pessoas que possam dar referências a seu respeito. É importante para o entrevistador saber como era o seu relacionamento profissional com o seu empregador anterior, e normalmente ele dá preferência a quem foi seu superior imediato para perguntar sobre o seu desempenho no trabalho. Assim sendo, faça contato com seus antigos chefes e peça licença para que sejam feitos contato com eles. Explique claramente que se trata de uma referência para um novo trabalho e diga que espera que eles falem bem de você. Se sentir que há hesitação no seu chefe anterior de falar bem de você, desculpe-se e desista. Não arrisque indicar alguém que pode dar referências ruins sobre o seu trabalho. Acontecendo isso, prefira indicar um ex-colega de trabalho.

Permaneça ligado ao objetivo principal da entrevista. Não se deixe levar pela emoção; a entrevista não é um processo frio, mas também não é ocasião para desabafar com o entrevistador a respeito dos seus problemas íntimos.

Jamais mencione pessoas (ex-empregadores, por exemplo) para difamar, queixar-se ou condenar. Não minta em momento algum. Você pode até deixar de mencionar algumas condições de sua vida profissional (como o fato de ter ficado pouco tempo em cada emprego anterior, ou o fato de ter sido demitido do último emprego), mas se for perguntado, fale sem medo. Explique as razões da maneira mais objetiva e natural. Não é crime ser demitido ou ter permanecido pouco tempo em cada emprego.

Um dos maiores problemas durante uma entrevista é que o candidato pode ficar ansioso antes da conversa e durante a conversa. Se você foi chamado para uma entrevista, é porque já passou na primeira fase do recrutamento, portanto, já é uma pessoa que interessa para a empresa. Isto já é motivo para aumentar a sua autoconfiança.

CAPÍTULO 16

COMO SE DESTACAR

Para os que ainda têm pouca experiência em entrevistas e não sabem lidar com o nervosismo, ensaie com algum amigo ou familiar, isso vai ajudar na hora que ficar cara a cara com o entrevistador. Pesquise sobre a empresa, o ramo em que atua e a função que irá realizar isso trará segurança, pois caso ele faça alguma pergunta específica, você estará preparado. Além disso, será um diferencial importante perante aqueles que não fizeram essa lição de casa antes da entrevista, isso mostra que o candidato não está ali à toa e buscou se aperfeiçoar para conquistar a sua vaga.

Na entrevista pessoal ou dinâmica de grupo, seja sincero e verdadeiro. Não finja ser o que não é. Vale lembrar que a boa apresentação é fundamental, afinal a primeira impressão é a que fica. Tenha iniciativa e seja criativo, mas caso esse não seja o seu perfil, não force uma situação.

Para ilustrar melhor seu trabalho e sua carreira, quando a profissão assim o permitir, leve algo que comprove algumas atividades e funções exercidas em experiências anteriores.

Faça um portfólio com todos os trabalhos já elaborados anteriormente e no momento que o entrevistador perguntar sobre suas experiências: use o material como base para comprovar o que está falando. Isto poderá surpreendê-lo positivamente, pois são poucos os que se preocupam em preparar algum material extra.

Fique calmo, tranquilo e esteja um passo a frente dos demais.

CAPÍTULO 17

AS DECEPÇÕES

Diante dos obstáculos o ser humano tem uma grande desculpa para desistir, mas é aí que mora o perigo. As pessoas que alcançaram o tão desejado sucesso profissional foram aquelas que se recusaram a desistir. Então, siga firme apesar dos atropelos do dia a dia.

Desde cedo, você deve se fortalecer psicologicamente para superar os fracassos que o mercado de trabalho lhe proporcionara. O primeiro trauma a ser superado pode acontecer quando se candidatar ao seu primeiro emprego, e o selecionador exigir que você fale sobre suas experiências profissionais. Obviamente, você terá pouca coisa a dizer se não trabalhou enquanto estudava, e não tendo, estará fora da fase seguinte da seleção. Então, você se questionará: tantas horas de estudo e de dinheiro gasto, valeram a pena? Não se prenda a isto, pois o mesmo selecionador poderá dizer a um profissional com muita experiência que por causa de sua idade você está desqualificado a preencher a vaga.

Nos dois casos, o candidato se sentirá preso em um imenso labirinto e desejará voltar aos tempos de criança onde estava protegido de tudo isso, ora pelos pais, ora pelos professores. Passado a primeira reação, para não perder a fé, reedite todos os seus sonhos e se agarre a ele, e de cabeça erguida, marche rumo a outro processo de seleção e quantos forem necessários.

Superado o primeiro trauma, vem o segundo: o salário não chega à metade do que você almejava. Novamente balance a cabeça e se agarre a esta oportunidade, fazendo dela o seu sonho e acredite que terá todas as chances para demonstrar sua capacidade; e assim, chegar ao salário desejado.

Os estagiários são obrigados a superar o trauma natural de um início de carreira, onde são obrigados a fazer as tarefas que ninguém quer fazer, como por exemplo: organização de arquivos, levar e trazer documentos, e outras coisas. Tenha muita paciência e determinação, para que isto não seja motivo de desânimo ou contestação, se valeu a pena os estudos. Tudo é uma questão de tempo.

Aos mais velhos, principalmente aqueles acima dos quarenta anos, cabe as maiores provações. Encare cada decepção como a primeira e não permita que elas sejam motivos de contestação se tudo valeu a pena. Não desista: seus esforços serão reconhecidos e você poderá desfrutar dos anos que sofreu para acumular sua experiência de vida e profissional.

Prepare-se também para a falta de respostas ao envio de currículos e participações de entrevistas e seleções.

Antigamente, as empresas se preocupavam em dar uma satisfação, mas a transformação de vagas em comércio pelas agências de emprego, ou recolocadoras de profissionais, esse é um trauma que todos temos que aprender a superar.

O segredo de seu sucesso é saber transformar todo trauma e fracasso em desenvolvimento e aprimoramento. Pense sempre em ser o melhor, pois em um grupo de cem participantes, apenas dois serão aprovados para a próxima fase. O mais qualificado, que nem sempre é o mais inteligente preencherá a vaga. Assim, concluímos que o número de fracassos é muito superior ao de sucessos, daí a importância do fortalecimento e preparação psicológica.

Falando em preparação, prepare-se também para vencer o medo de falar, pois cada vez mais os processos seletivos, são baseados na dinâmica de grupo. Muitos jovens e mais experientes quando ficam sabendo de uma vaga vão logo afirmando *"Se tiver dinâmica de grupo, to fora!"*. Trabalhe esse trauma para que ele não se torne um obstáculo ao seu sucesso, pois as dinâmicas de grupo não são utilizadas apenas nos processos seletivos, mas em inúmeras atividades de desenvolvimento profissional, como palestras, treinamentos e reuniões. Isso quer dizer que, mesmo que você "drible" a dinâmica no processo seletivo, isso não acontecerá no dia a dia de trabalho, a não ser que desista também do emprego.

Uma das formas mais efetivas de enfrentar a dinâmica de grupo é aprender com ela. Você poderá ficar fora da próxima fase de seleção, entretanto, conseguirá transformar o fracasso momentâneo em experiência. Lembre-se a todo o momento, que se chegou à fase da dinâmica de grupo já é um vencedor. Avalie sua participação no grupo se perguntando:

- Cheguei preparado para esta dinâmica?
- Como meu estado de espírito influenciou no meu *desempenho*?
- Como reagi diante dos demais candidatos?
- Como foi minha fluência, domínio da língua, objetividade, clareza e postura corporal?
- Como foi minha iniciativa e dinamismo?

Siga firme, pois o mundo só aplaude de pé as pessoas que não desistem diante de uma derrota temporária, e seguem em frente com uma coragem fora do comum.

CAPÍTULO 18

O APRIMORAMENTO

Especializar-se é importante, mas, para se dar bem, o (a) profissional precisa ser capaz de lutar em várias frentes. Encare as tarefas diferentes como crescimento e deixe o "isto eu não faço" para quando tiver um cargo mais alto e maior poder de barganha e decisão.

Se você está há mais de dois anos na mesma "vidinha", e feliz com o bom salário não busca mais nada, cuidado, pois para o mercado, você pode ser visto como acomodado e como alguém que não almeja crescimento.

Está nos jornais, na internet e na TV: o mercado é corruptível, e existem pessoas que fazem qualquer negócio para conseguir o que querem, inclusive abrir segredos profissionais para a concorrência ou "roubar" clientes e futuros prospectos dos parceiros de negócio. Esse tipo de atitude é indesculpável e a reação do mercado a ela é implacável: provavelmente, as oportunidades se fecharão para você e as amizades serão desfeitas. Faça jus à confiança que recebeu e preserve seu bom nome a qualquer preço.

Existem basicamente três perfis de pessoas: as que fazem as que mandam fazer e os "engenheiros de obra feita", que só criticam ações alheias. Se você está neste último time, fuja daí correndo. Seja um agente das mudanças, seja criativo e solidário. Vá atrás, observe mais e critique menos. Seja construtivo e aprenda.

Uma atitude "investigativa" é essencial para avaliar com objetividade suas possibilidades de ascensão e sucesso, próximos e futuros. Seja um pouco enxerido: que faz fulano para "se dar" tão bem? O que a empresa valoriza? Para quem destina o produto ou serviço? Esse exercício vai ajudá-lo a identificar o melhor caminho a seguir e orientar seu crescimento.

Conhecimento não ocupa espaço. Estude idiomas, procure cursos, pós-graduação, especializações, reciclagens, *workshops*. Não espere que a empresa atenda a suas necessidades ou antecipe seus desejos. Vá à luta. Fale com seu mentor, mostre os benefícios que esse aprimoramento trará e se for o caso, invista seu tempo e talentos para obter o resultado desejável. Invista em você mesmo, e se for o caso, financie ou negocie esse custo. Mas muito cuidado, não se endivide. De o passo do tamanho de seu bolso e interesses. Pese tudo com muita objetividade e honestidade.

Não há como construir um vencedor se você se vê como um fracasso pessoal. Procure fazer o que gosta, dentro e fora do trabalho. Você vai se sentir mais feliz e lidará melhor com a frustração e aquele sentimento de improdutividade que às vezes bate. Não desanime: olhe a sua volta e alimente-se dos resultados que você colheu, por menores que sejam.

É preciso ter uma visão abrangente dos rumos que sua atividade e o mundo estão tomando, ver o que acontece em sua área de atuação nos outros países. É muito comum encontrar pessoas decepcionadas com mercados saturados, que batalham para criar um diferencial quando já deviam estar realizadas. Para evitar decepções, tente conciliar as perspectivas com suas habilidades e desejos para que sua carreira lhe traga, além de sucesso e reconhecimento, a satisfação pessoal.

Se você é aquele tipo de pessoa que busca garantias para aceitar uma promoção, por exemplo, sua carreira tende a empacar. Assuma os riscos de suas decisões, até porque, em uma troca de empresa, não há como prever como será sua adaptação ao novo ambiente e cultura, por melhores que eles sejam. Lembre-se: como na loteria, só tem chance de ganhar quem aposta. Se for o caso, não tenha medo de trocar ou de trabalhar em tempo integral, no que realmente fará a diferença em sua vida. Saiba avaliar isso com precisão, e é bom, em alguns casos, buscar orientação de quem você confia ou que realmente está interessado em sua vitória.

Em um mundo globalizado, saber o que acontece à nossa volta é obrigatório. Trafegar com desenvoltura por assuntos variados e sobre especificidades de sua área vai contar pontos a seu favor.

Um bom *marketing* pessoal abre muitas portas. É importante que você transmita a importância daquilo que fez e como faz, para si e para o mercado de trabalho, com confiança. Cuidado apenas para não parecer exibido: seja objetivo ao ressaltar seus, pontos "positivos", conquistas e descobertas. O resto é decorrência disso.

Quando as coisas se enrolarem, concentre-se no resultado e pare de perder tempo justificando os erros ou percalços do processo. Afinal, eles acontecem com todas nós, praticamente o tempo todo. Reclamar é sabidamente um modo de perder tempo.

Certo desânimo de vez em quando é normal, desde que não vire regra. Muitas vezes, a insatisfação é provocada por algum processo desgastante que faz o objetivo parecer inexequível. Um bom papo competente ajuda e novos desafios resgatam sua motivação e estimulam toda a equipe a apontar-lhe novos caminhos.

Os profissionais que minam suas chances de sucesso geralmente não se conhecem, duvidam da própria capacidade e "travam" por medo e ansiedade. Se você se sente assim, é o momento de parar e pensar sobre o que a empresa e aqueles que "dependem" de sua atitude esperam de você e acima de tudo, o que você deseja da vida. O autoconhecimento é um processo contínuo, fundamental para construir o sucesso.

A turma que vive cochichando sobre os insucessos alheios deve ser evitada bem como aqueles que têm "dor de cotovelo" do real sucesso de outros e vivem falando "isso ou aquilo". Espelhe-se no exemplo das pessoas que, mesmo não ocupando cargos de chefia, agem como vitoriosas e realizam-se a cada conquista. Em decorrência, ascendem profissionalmente. Pense sempre grande.

Ao deparar com uma tarefa difícil, uma promoção, a tendência de boa parte das pessoas é fugir da raia. Que tal um pouco mais de autoconfiança? Se a empresa ofereceu-lhe a incumbência, é porque acredita em sua capacidade. O mesmo vale para uma nova retomada de decisão, uma nova arrancada: agarre a oportunidade e mostre a que veio.

Objetivo é aquilo que pode ser quantificado, tem prazo para acontecer, envolve planejamento e escolha. Se você ficar apenas no plano do desejo ("quero ser realizada"), provavelmente desperdiçará boas oportunidades e não conseguirá direcionar sua energia e talento. Concentre-se na meta e, faça sempre uma reavaliação. Reavalie suas medições, e lembre-se "aquilo que não medimos, não poderemos controlar".

Profissionais que se desconectam do mercado acabam vinculando seu sucesso à permanência na empresa onde estão. Pessoas bem sucedidas "funcionam" em qualquer lugar e não acreditam sua ascensão apenas a uma única estrutura. Sempre tenha novas estruturas funcionais, nunca dependa apenas de uma. Capitalize suas iniciativas e invista na educação contínua.

Se você não quer passar por interesseiro, daquelas que só telefonam quando precisam, mantenha-se em contato com as pessoas. Família, amigos, conhecidos do trabalho, etc., são eles que vão lhe trazer novas referências e abrir portas inesperadas.

Quem quer crescer não entrega o destino nas mãos de outra pessoa. A estratégia para dominar o crescimento é juntar em sua atividade o que você quer (desejo) e o que precisa (objetivo) com aquilo que o mercado oferece de melhor. Dominar esse processo significa mais chances de vencer e, principalmente, menos frustração. Mas nunca desista, dê tempo ao tempo.

CAPÍTULO 19

O TRABALHO EM EQUIPE

Não há dados que comprovem quando surgiu a ideia de reunir indivíduos em grupos, em prol de um objetivo comum, mas sabe-se que esta concepção de equipe existe há muito tempo, desde que se começou a pensar no processo do trabalho.

O trabalho em equipe pode ser entendido como uma estratégia, concebida pelo homem, para melhorar a efetividade do trabalho.

Toda equipe é um grupo, porém, nem todo grupo é uma equipe.

Grupo é um conjunto de pessoas com objetivos comuns, em geral se reúnem por afinidades. O respeito e os benefícios psicológicos que os membros encontram, em geral, produzem resultados de aceitáveis a bons.

Equipe é um conjunto de pessoas com objetivos comuns atuando no cumprimento de metas específicas. A formação da equipe deve considerar as competências individuais necessárias para desenvolver as atividades e atingir as metas. O respeito aos princípios da equipe, a interação entre seus membros e especialmente o reconhecimento da interdependência entre seus membros ao atingir os resultados da equipe, deve favorecer ainda os resultados das outras equipes e da organização como um todo. É isso que torna o trabalho desse grupo um verdadeiro trabalho em equipe".

Segundo a Dra. Suzy Fleury: "Grupo são todas as pessoas que vão ao cinema para assistir ao mesmo filme. Elas não se conhecem, não interagem entre si, mas o objetivo é o mesmo: assistir ao filme. Já equipe pode ser o elenco do filme: todos trabalham juntos para atingir uma meta específica, que é fazer um bom trabalho, um bom filme".

Fazer com que todas as pessoas da organização caminhem na mesma direção não é tão difícil quanto parece. É necessário muita estratégia, objetivos definidos, comunicação eficaz, *feedbacks* constantes e lideranças compartilhadas.

Muitas empresas amargam casos de insucesso com suas equipes de trabalho. Os objetivos finais não são alcançados, todos se sentem entediados e, no fim, contribuem pouco para a organização.

Somente 25% das experiências com trabalho em equipe são bem sucedidas, e quando dão certo, os resultados tendem a desaparecer rapidamente. Para aumentar o percentual é necessário aprender a trabalhar em equipe, maximizar o potencial de cada pessoa aprender a viver com diferenças e extrair o melhor da diversidade que existe dentro de cada organização. É preciso entender que trabalhando em equipe temos mais chances reais de superar nossos limites.

Alguns fatores para o sucesso do trabalho em equipe:

- Definir claramente a missão, os valores da empresa, as metas e objetivos da equipe. Todos têm que saber qual o objetivo do trabalho, para que o esforço seja feito na mesma direção. Cada pessoa tem que estar ligada ao significado maior do trabalho, que é o objetivo que foi definido, e ver o mesmo como um desafio. A comunicação clara é fundamental para alcançar esse objetivo.

- Equipes são formadas de pessoas, que têm histórias de vida, conhecimentos e experiências bem diferentes. É papel do líder, aceitar e estimular as diferenças, fazendo com que cada um dê o seu melhor. Estabeleça os papéis. Se os integrantes da equipe não sabem qual a função ou papel a desempenhar, dificilmente vão poder atingir o objetivo comum. Pode ser necessário treinar as pessoas; é papel do líder identificar se existe ou não a necessidade de treinamento.

- Com o tempo, é natural que a equipe perca o entusiasmo do começo. É preciso evitar que uns poucos trabalhem e todos os outros fiquem olhando. É fundamental saber o que cada membro está fazendo de valor e reconhecer o desempenho de cada integrante.

- Em um grupo, é inevitável que haja choque de opiniões, personalidades e estilos. O desafio é saber valorizar a diferença e tornar os inevitáveis conflitos um bom motivo para crescer e superar as adversidades.

Trabalhar em equipe significa mudar a sua mentalidade e a da empresa, saindo do: eu tenho que resolver o problema, para: juntos resolveremos o problema.

CAPITULO 20

O HÁBITO DE LER

Através dos registros escritos descobrimos e aprendemos culturas, histórias e hábitos diferentes, compreendemos a realidade, o sentido real das ideias, vivências, sonhos, etc.

Segundo estudiosos, **existem três objetivos** distintos para compreender a importância do hábito de ler:

- **Por prazer:** é possível desenvolver a imaginação, embrenhando no mundo da imaginação, desenvolvendo a escuta lenta, enriquecendo o vocabulário, envolvendo linguagens diferenciadas, etc.

- **Para estudar:** é a mais cobrada pelos professores desde o início do ensino fundamental, apesar de muitos não estarem preparados para desenvolver em seus alunos tal hábito.

- **Para se informar:** a leitura dinâmica e descontraída é uma das melhores formas de adquirir informações. O ideal é que se aprenda a ler textos informativos, artigos científicos, livros didáticos, paradidáticos, e etc.

Ler nos faz bem em vários aspectos:

- Melhora cada vez mais a nossa capacidade e velocidade de leitura;
- Melhora a nossa capacidade de escrita;
- Aumenta nosso vocabulário, permitindo nos expressar melhor;
- Aumenta a nossa cultura geral;
- Nos faz formar mais opiniões sobre diversos assuntos diferentes.

Para quem não tem o "instinto natural", a leitura deve ser um hábito. Segundo Paulo Freire a leitura do mundo precede sempre a leitura da palavra. O ato de ler vem de sua experiência existencial. Primeiro, a "leitura" do mundo, do pequeno mundo em que se movia; depois, a leitura da palavra que nem sempre, ao longo da sua escolarização, foi a leitura da "palavra mundo". Na verdade, aquele mundo especial se dava a ele como o mundo de sua atividade perspectiva, por isso, mesmo como o mundo de suas primeiras leituras. Os "textos", as "palavras", as "letras" daquele contexto em cuja percepção experimentava e, quando mais o fazia, mais aumentava a capacidade de perceber se encarnavam em uma série de coisas, de objetos, de sinais, cuja compreensão ia aprendendo no seu trato com eles, na sua relação com seus irmãos mais velhos e com seus pais.

Alguns livros que recomendo para ampliar seus horizontes

Pare de Concordar e Comece a Responder

O livro revela os segredos que você precisa saber para conseguir o melhor durante conversas desconfortáveis. Oferece um arsenal de formas para acabar com a festa dos "folgados", desde a resposta rápida, a resposta bem argumentada e a simples verdade, oferecendo formas divertidas e fáceis de lidar de maneira eficiente com situações do dia a dia.

Autores: lisa Frankfort, Ph.D, LMFT e Patrick Fanning
Editora: Landscape - 166 páginas

Inteligência Social

A obra mostra como a dimensão da Inteligência Social - percepção, compreensão situacional e habilidade de interação - é a chave para o sucesso no trabalho e na própria vida. O livro é repleto de conceitos intrigantes, exemplos elucidativos, histórias, casos e ferramentas para ajudar o leitor a navegar nas relações humanas e sociais.

Autor: Karl Albrecht
Editora: M.Books - 278 páginas

Vença o Medo de Falar em Público

O livro explica o medo de falar em público, um dos mais complexos temas da comunicação, de maneira clara, a identificar as causas que provocam esse medo e a escolher as atitudes mais apropriadas para combater cada uma delas. Os esforços devem ser para domesticá-lo ou para dominá-lo, pois quando o nervosismo está sob controle, pode se transformar o medo de inimigo em um poderoso aliado. A obra inclui ainda um CD de áudio com dicas, proposta de trabalho, exercícios de fixação e questionário de avaliação.

Autor: Reinaldo Polito

Editora: Saraiva - 136 páginas

Gestão de Pessoas em Empresas Inovadoras

O livro responde mitos que até hoje povoam o âmbito dos Recursos Humanos, como os impactos da globalização na relação entre capital e trabalho, a metamorfose ocorrida nas organizações brasileiras nas últimas décadas e o significado da nova cultura corporativa. São discutidos alguns termos que vêm mobilizando o mundo corporativo, tais como downsizing empowerment, coaching, liderança situacional, gestão participativa e capital intelectual.

Autor: Jean Pierre Marras

Editora: Futura - 208 páginas

Comportamento Organizacional

Um manual de referência sobre comportamento organizacional, com texto claro e objetivo, além de inúmeros exemplos e casos reais e uma série de exercícios ao final de cada capítulo. Trata de temas como globalização e diversidade, modelo de eficácia e traços de liderança, além de tratar de diversos tópicos novos, como personalidade proativa, organizações interconectadas, teoria dos eventos afetivos e liderança on-line.

Autor: Stephen P. Robbins

Editora: Pearson Education - 511 páginas

O Futuro dos Empregos

O autor afirma uma convergência de fatores tecnológicos e econômicos, particularmente a rápida queda dos custos da comunicação, que está provocando mudanças profundas nas organizações, na qual será possível ter o melhor dos dois mundos: as eficiências econômicas e de escala das grandes organizações e os benefícios humanos das pequenas, como liberdade, motivação e flexibilidade. Segundo o autor, a queda dos preços, as facilidades das novas tecnologias e telecomunicações, farão com que as empresas reformulem seus conceitos de empregos, o que nos deixará à beira de um novo mundo do trabalho, em que muitas organizações não terão mais um centro, ou seja, teremos quase tantos "centros" quanto pessoas.

Autor: Thomaz E. Malone
Editora: M.Books - 216 páginas

Emprego não Cai do Céu

O autor mostra que o mercado de trabalho, empreendedorismo e conhecimento da realidade são ingredientes indispensáveis para enfrentar o momento atual, orientando o leitor a traçar metas, conhecer o mercado profissional, refletir, analisar e agir por si só. O livro aponta que para se construir o seu próprio caminho e compreender o mercado em tempos de turbulência, exigem diálogo franco e decisão firme.

Autores: Henrique Flory
Editora: Arte & Ciência - 183 páginas

Sua Carreira - Planejamento e Gestão

O autor aborda temas de forma didática, usando sua experiência de consultor e de palestrante. Desnuda e classifica completamente os dogmas e paradigmas que norteiam a gestão de uma carreira profissional. Traz um roteiro de reflexão sobre as várias possibilidades de carreira, em qualquer fase da vida, e que, principalmente, não desvincula a carreira profissional da vida pessoal. Além de proporcionar ao leitor, uma reflexão do que é efetivamente importante no mundo corporativo, o que diferencia os profissionais bem-sucedidos num ambiente de negócios cada vez mais complexo e competitivo.

Autor: Ricardo de Almeida Prado Xavier

Editora: Pearson Education - 158 páginas

O Cargo é Seu

O livro apresenta os principais estudos de caso, dicas e testes ensinando tudo que é necessário para conquistar um bom emprego em tempos de poucas vagas e muita competição. O leitor vai aprender a fazer um balanço completo de sua carreira, falar dele mesmo, além de dicas de como se vestir, se comportar e se expressar bem durante uma entrevista. Mostra ainda, como escolher a melhor hora de mudar de emprego, negociar o melhor salário e outros benefícios, além de apresentar quais são as 10 regras básicas para construir uma carreira de sucesso.

Autores: Charles-Henri Dumon e Patrick Hollard

Editora: Larousse do Brasil - 160 páginas

Quem Mexeu na Minha Vida?

O autor mostra que para se obter sucesso profissional e pessoal, basta saber administrar bem cinco áreas: o tempo, a energia, as tarefas, os relacionamentos e as conquistas nas diversas dimensões da nossa vida. Ele dá dicas e explica de maneira fácil, prazerosa e mais organizada, os focos principais, que são como escolher o caminho certo para a felicidade e se tendo encontrado esse caminho, ou já estando nele, como administrar com sabedoria.

Autor: Jimmy Cygler
Editora: Campus - 312 páginas

Pessoas de Resultado

A obra apresenta os sete pontos fortes de gente que se destaca em todas as áreas da vida, como visualização, superação de desafios, manutenção do foco, criação de mapas de percurso, expectância e drive, tolerância à incerteza, incluindo o autor-reforço para a obtenção da autoestima. Mostra como desenvolver condutas orientadas para resultados e apresenta uma metodologia eficaz, mesmo para aqueles que têm dificuldade de alcançar objetivos.

Autor: Luiz Fernando Garcia
Editora: Gente - 148 páginas

Ética na Gestão de Pessoas

A publicação faz com que os executivos reflitam e reavaliem suas crenças, seus valores morais nas organizações e construam um local de trabalho com respeito, lealdade e confiança, fortalecendo a relação indivíduo-empresa. O autor busca explicar um terceiro tipo de relacionamento, que é a conduta da empresa em relação aos seus empregados. Por isso, ele discute regras de conduta para organizações que queiram tratar seus empregados com respeito e com justiça.

Autor: Flávio Farah
Editora: Edições Inteligentes - 233 páginas

Oh, Mundo Cãoporativo!

Ajudar o leitor a entender os meandros que permeiam o mundo corporativo e a realizar livremente suas escolhas profissionais é o objetivo do livro, que fala sobre relações humanas e sobre a ética no trabalho em 40 crônicas e artigos curtos e concisos. De maneira informal e descontraída, autor traz recordações, incluindo descrições e testemunhos do cotidiano profissional que viveu nas empresas nas quais atuou.

Autor: Jerônimo Mendes
Editora: Qualitymark - 179 páginas
2

Guerra dos empregos

O autor desmistifica a ideia de que trabalhar arduamente, ser educado e vestir-se bem, constituem as chaves isoladas para o sucesso profissional. Na obra, é ressaltada a importância do caráter moral e financeiro, além das condutas equilibradas dentro e fora da empresa, como diferenciais para chegar ao topo. Para o autor, é do caráter do indivíduo que dependerá o bom desenvolvimento de seu trabalho indoor. O livro vem ilustrado com experiências práticas, o que proporciona ao leitor uma leitura agradável, dinâmica e divertida.

Autor: David F. D`Alessandro
Editora: M.Books - 220 páginas

Etiqueta Empresarial

A autora oferece informações básicas sobre comportamentos e atitudes adequadas ao mundo corporativo, fornecendo ao leitor, os elementos necessários para obter sucesso em seus relacionamentos pessoais, sociais e profissionais. Traz dicas para quem vai ingressar no mercado de trabalho, despertando a importância de agir com autoconfiança, naturalidade e urbanidade em qualquer situação de convívio profissional e social.

Autora: Maria Aparecidada A. Araújo
Editora: Qualitymark - 208 páginas

Saber Desenvolver a Criatividade na Vida e no Trabalho

A publicação descreve o processo de criatividade a partir de exemplos reais de pessoas que se destacam pela inovação em várias áreas, apresentando as condições necessárias para o desenvolvimento do pensamento criativo. Além disso, ensina como cada pessoa pode descobrir o seu próprio perfil e mostra as técnicas que permitirão ao leitor melhorar os recursos da imaginação, bem como aguçar a percepção e ampliar as possibilidades de representações.

Autoras: Dra. Brigitte Bouillerce e Dr. Emmanuel Carré
Editora: Larousse do Brasil - 144 páginas

Liderança para Gerentes e Executivos

Tomando como base a fábula "O Cavalo que se recusava a beber água", o autor analisa os desafios enfrentados pelo personagem e apresenta insights inovadores para a solução de problemas de relacionamento, motivação e comprometimento entre líder e subordinados. Ele oferece também uma perspectiva sobre o desafio da liderança, sobre as reações de líderes de negócios, além de dicas e exemplos para ajudar os líderes a estimular suas organizações e a alcançar o desempenho máximo.

Autor: Alex Hiam
Editora: M. Books - 264 páginas

Peixe! Vivo

O livro ensina como sustentar um ambiente de trabalho em constante treinamento e inovação, mesmo nos momentos de estresse, de alta rotatividade e de dificuldades financeiras. Os autores apostam no investimento da energia interna natural de cada pessoa, que consideram importante no início de um processo de transformação, com o objetivo de manter a produtividade a longo prazo.

Autores: Stephen C. Lundin, John Christensen e Harry Paul
Editora: Campus – 136 páginas

Gestão da Cultura Corporativa

Representando um macro no campo dos estudos da administração de recursos humanos, o livro apresenta a cultura organizacional como algo que pode ser objeto de gerenciamento planejado. O autor mostra como obter um alto grau de devoção das pessoas às organizações em que trabalham, com reflexos positivos na produtividade e na qualidade organizacional.

Autor: Silvio Luiz Johann
Editora: Saraiva - 200 páginas

Equipes de Alto Desempenho

A autora dá uma contribuição importante à aplicação da teoria dos tipos psicológicos em organizações, observando a interação entre pessoas. Ela analisa a relação interpessoal no âmbito do trabalho em equipe, de pessoas parecidas, com afinidades, indicando a formação mais eficaz para uma equipe de trabalho.

Autora: Elvina Lessa
Editora: Vetor - 149 páginas

Os 5 Desafios das Equipes

O trabalho em equipe continua sendo a vantagem competitiva dentro de uma organização, sendo é algo difícil de definir, pois, segundo o autor, as equipes são compostas de seres humanos imperfeitos que possuem disfunções inerentes. O livro indica também os desafios e as ferramentas para superar os problemas que afetam os grupos, e mostra ainda que apenas as equipes que superam as tendências comportamentais conquistam o sucesso.

Autor: Patrick Lencioni
Editora: Campus - 208 páginas

Reinvente-se

Para Cláudio Nasajon o lema no mundo dos negócios é superar-se para melhorar a eficiência dos empreendimentos, ou melhor, reinventar-se. A obra reúne dicas sobre as experiências do autor na Nasajon Sistemas, apontando caminhos que deram certo e inspirando os leitores, por meio de pequenas dicas de gestão empresarial agrupadas em áreas como atendimento, vendas, promoção, gestão e administração de recursos humanos.

Autor: Cláudio V. Nasajon
Editora: Campus - 240 páginas

Empregabilidade Negociada

O livro trata, entre outros aspectos, as diversificações na flexibilização do tempo de trabalho, conciliando produtividade e situação concorrencial da empresa com interesse na manutenção e/ou ampliação da oferta de emprego por meio de acordos entre as partes interessadas: empregados, empregadores e entidades de classe. Essa tendência é abordada nos três setores de atividade representativos: metalurgia, comércio e serviço de saúde.

Autor: Ofélia de Lanna Sette Tôrres

Editora: Atlas - 99 páginas

CAPÍTULO 21

A QUALIDADE

O que é ISO 9000

Em sua abrangência máxima, engloba pontos referentes à garantia da qualidade em projeto, desenvolvimento, produção, instalação e serviços associados; objetivando a satisfação do cliente pela prevenção de não conformidades em todos os estágios envolvidos no ciclo da qualidade da empresa. A ISO série 9000 compreende um conjunto de cinco normas (ISO 9000 a ISO 9004). Entretanto, estas normas oficializadas em 1987, não podem ser consideradas normas revolucionárias, pois elas foram baseadas em normas já existentes, principalmente nas normas britânicas BS5750. Além destas cinco normas, deve se citar a existência da ISO 8402 (Conceitos e Terminologia da Qualidade), da ISO 10011 (Diretrizes para a Auditoria de Sistemas da Qualidade), ISO 14000 (para a gestão ambiental) e de uma série de guias ISO pertinentes à certificação e registro de sistemas de qualidade.

Quem pode aplicar

As normas ISO 9000 podem ser utilizadas por qualquer tipo de empresa, seja ela grande ou pequena, de caráter industrial, prestadora de serviços ou mesmo uma empresa governamental. Deve ser enfatizado, entretanto, que as normas ISO série 9000 são normas que dizem respeito apenas ao sistema de gestão da qualidade de uma empresa, e não às especificações dos produtos fabricados por esta empresa. Ou seja, o fato de um produto ter sido fabricado por um processo certificado segundo as normas ISO 9000 não significa que este produto terá maior ou menor qualidade que outro similar. Significa apenas que todos os produtos fabricados segundo este processo apresentarão as mesmas características e o mesmo padrão de qualidade.

Portanto, as normas ISO não conferem qualidade extra a um produto (ou serviço), garantem apenas que o produto (ou serviço) apresentará sempre as mesmas características. Os princípios básicos das normas de ISO 9000 são uma organização com documentação acessível, ágil, que tenha equipamentos limpos e em bom estado. Mas um dos aspectos mais importantes é o da auditoria interna. A empresa deve ser constantemente auditada, estar sempre se autoaveriguando, para descobrir defeitos e promover as ações preventivas e corretivas para que eles não se repitam. Enfim, vai montar um sistema de qualidade que faça com que o empregado não se perca dentro da sua própria função. Agindo assim, tem condições de atender a demanda, sabe onde estão as coisas, têm tudo documentado e, acima de tudo, tem uma administração que está comprometida com a qualidade.

Para que serve

As normas ISO 9001, 9002 e 9003 se aplicam em situações contratuais, que exijam demonstração de que a empresa fornecedora é administrada com qualidade. A aplicação das normas parte dos seguintes princípios:

Os produtos e serviços têm suas especificações definidas por: 1) regulamentos do governo brasileiro, 2) normas internacionais, 3) normas nacionais, 4) normas da empresa.

A conformidade do produto ou serviço, ou seja, sua qualidade pode ser demonstrada pelo desenvolvimento de certas atividades da empresa, tais como: projeto, desenvolvimento, planejamento, pós-produção, instalação, assistência técnica e marketing.

Os requisitos especificados nos sistemas da qualidade propostos pelas normas ISO 9001, 9002 e 9003 são complementares (não alternativos) aos requisitos técnicos especificados para os produtos e serviços.

A aplicação das normas ISO 9000

Acontecem na organização da empresa, principalmente nas atividades que influem diretamente na qualidade e nas exigências de procedimentos escritos para as atividades tais como: 1) análise de contrato, 2) controle de documentos, 3) controle de produto não conforme, 4) ação corretiva, 5) registro de qualidade, 6) treinamento.

As empresas que adotam os regulamentos da ISO 9000 têm mais credibilidade frente a outras empresas e aos seus clientes, uma vez que suas normas foram elaboradas por representantes de diversos países, do mundo inteiro. Se a empresa adotar as normas ISO série 9000 e dispuser de documentação que comprove isto, ela demonstrará que administra com qualidade e, portanto, garante qualidade de seus produtos e serviços. Pode-se afirmar com certeza que na atualidade muitas empresas já estão utilizando as normas ISO série 9000. Somente vinculadas ao sistema inglês de certificação existem hoje mais de 16.000 empresas que têm implantado uma das normas da série ISO 9000 e muitos países já as adotaram como normas nacionais, entre eles o Brasil.

Vantagens

Redução de riscos

A empresa que tem o certificado ISO 9000:

- É sólida;
- Tem reputação;
- Evita perca de mercado;
- Tem responsabilidade civil;
- Sua margem de queixas e reclamações é pequena;
- Tem relações comerciais facilitadas.

Os clientes que compram ou utilizam serviços de empresas que adotaram o certificado:

- Têm segurança da fonte proveniente;
- Evitam danos a saúde;

- Têm grande satisfação com o produto ou serviço.

Para o meio-ambiente:
- Evita a poluição.
- Redução de custos

Para a empresa:
- Redução das perdas de produção;
- Menos reprocessamento, reparo e trabalho;
- Maior participação no mercado;
- Maior satisfação do cliente;
- Redução de custos;
- Melhoria da produção;
- Maior competitividade;
- Maior lucro;
- Menor número de reposições;
- Redução dos custos de paralisação, de ações para solucionar problemas, de operação e de aquisição.

Para os clientes:
- A satisfação do cliente é a meta básica;
- Maior confiança nos produtos na empresa;
- Redução de custos;
- Satisfação em relação aos produtos e serviços adquiridos.

Para a sociedade:
- Menor consumo de energia;
- Menor desperdício;
- Benefícios gerais.

- Atividade industrial em condições de competitividade no mercado nacional e internacional, gerando o desenvolvimento da nação, que se traduzirá em benefícios para toda a sociedade.

Para os colaboradores / empregados:

- Menos conflitos no trabalho e maior integração entre setores;
- Maior desenvolvimento individual em cada tarefa, possibilitando melhoria de desempenho;
- Maiores oportunidades de treinamento;
- Menores possibilidades de acidentes de trabalho;
- Melhores condições para acompanhar e controlar os processos;
- Melhoria da qualidade e da produtividade, gerando possibilidades de recompensas.

Todos estes indicadores de melhoria são frutos das normas ISO 9000, uma vez que há uma clara definição de "o que fazer, como, para que, quando, onde e quem deve fazer". Ações preventivas também passam a ser desenvolvidas rotineiramente, visando reduzir as ações corretivas decorrentes de inspeção e fiscalização.

Características

A série ISO 9000 incorpora as seguintes características:

Envolve a alta administração: é muito comum nas empresas que o esforço da Qualidade seja relegado somente ao processo fabril e colocado nas mãos de uma chefia de controle da Qualidade ou similar. Desta forma a alta administração abre mão das suas responsabilidades em relação ao assunto. A ISO 9000 as obriga a participar do Sistema da Qualidade.

Sistema é realimentado: a ISO 9000 exige que o Sistema da Qualidade se aperfeiçoe constantemente através de ações corretivas sobre problemas detectados pelo próprio Sistema (p.ex. Auditorias internas).

Sistema é formalizado: a ISO 9000 obriga que as atividades pertencentes ao Sistema da Qualidade sejam documentadas como forma de sedimentá-lo em bases sólidas e passíveis de verificação. Este aspecto é extremamente importante para fins de uma auditoria de certificação por uma entidade ou por um Cliente.

Esquematicamente a formalização da documentação obedece a seguinte hierarquia:

NÍVEL 1:.... MANUAL DA QUALIDADE

NÍVEL 2:.... PROCEDIMENTOS

NÍVEL 3:.... INSTRUÇÕES

NÍVEL 4:.... REGISTROS

Normalmente o Sistema da Qualidade é documentado em um Manual da Qualidade que descreve o Sistema da empresa, seu compromisso com a Qualidade, sua política, princípios e responsabilidades, entre outras coisas. O Manual da Qualidade por sua vez se reporta aos Procedimentos que descrevem pontos específicos do Sistema, por exemplo, como se adquire material, como funciona o processo fabril ou como se treina um funcionário. Se um Procedimento não esgotar o assunto, este pode chamar as Instruções. As Instruções são descrições de partes específicas de um Procedimento ou atividade. Como exemplo, podemos supor que o Procedimento que descreve o processo fabril chame algumas Instruções, entre as quais uma trata das regras para emissão de ordens de fabricação, outra do preenchimento de uma planilha de teste e outra das regras de montagem. Tanto as Instruções quanto os Procedimentos comprovam as atividades descritas em registros tais como planilhas de teste, relatórios de inspeção ou ordens de compras.

Abordagem para implantar as normas

Existem três formas de se implantar a série ISO 9000:

A primeira é contratando um recurso externo (por exemplo, uma consultoria) para fazer todo o trabalho de definição, formalização e incorporação à empresa. É de rápida implantação, funciona bem a curto prazo e mantém os funcionários liberados para as suas atividades rotineiras porém, normalmente, é muito cara, não havendo garantias de que o Sistema criado seja absorvido pela cultura existente. O nível de comprometimento dos funcionários tende a ser baixo.

A segunda maneira é elegendo um funcionário da empresa ("o cristo") ou um pequeno grupo para executar todo o trabalho necessário. Relativamente barato, leva em conta a cultura existente e não ocupa todos os recursos da empresa, mas é bastante demorada e quase sempre ocasiona o não comprometimento dos funcionários que não participaram das definições. Normalmente é encarado como mais um "pacote" de arbitrariedades impostas pela cúpula aos pobres funcionários que já têm tanto o que fazer.

A terceira maneira é envolvendo praticamente todos os funcionários no processo. O Sistema como um todo é construído com o conhecimento e consenso dos futuros usuários. Esta solução demanda também tempo e absorve de forma expressiva os funcionários. A coordenação é complexa, os confrontos em certo momento são elevados e haverá muitos questionamentos difíceis de responder.

Razões que levam uma empresa a implantar o ISO série 9000

Conscientização da alta administração ("por livre e espontânea vontade"): a mais eficaz entre todas.

Razões contratuais ("por livre e espontânea pressão"): no fornecimento de produtos/serviços para outros países, para órgãos/empresas governamentais e também para um número cada vez maior de empresas da iniciativa privada; evidentemente menos eficaz que a anterior. O tempo para a maturação é maior, mas normalmente se alcança a conscientização.

Competitividade ("ou nos enquadramos ou quebramos"): embora não tão eficaz quanto a primeira, consegue-se de um modo geral chegar à conscientização da alta administração.

Modismo ("temos que dançar o que está tocando"): a menos eficaz de todas, normalmente não se chega a alcançar o objetivo maior, que é a conscientização da alta administração e aí, então, o processo é abandonado no meio do caminho.

Como a empresa ganha a ISO

Auditores de um órgão certificador realizam auditoria

Auditores fazem relatório

Órgão certificador analisa e emite certificado de acordo com os itens:

Responsabilidade da administração: requer que a política de qualidade seja definida, documentada, comunicada, implementada e mantida. Além disto, requer que se designe um representante da administração para coordenar e controlar o sistema da qualidade.

Sistema da qualidade: deve ser documentado na forma de um manual e implementado.

Análise crítica de contratos: os requisitos contratuais devem estar completos e bem definidos. A empresa deve assegurar que tenha todos os recursos necessários para atender às exigências contratuais.

Controle de projeto: todas as atividades referentes a projetos (planejamento, métodos para revisão, mudanças, verificações, etc.) devem ser documentadas.

Controle de documentos: requer procedimentos para controlar a geração, distribuição, mudança e revisão em todos os documentos.

Aquisição: deve-se garantir que as matérias-primas atendam às exigências especificadas. Deve haver procedimentos para a avaliação de fornecedores.

Produtos fornecidos pelo cliente: deve-se assegurar que estes produtos sejam adequados ao uso.

Identificação e rastreabilidade do produto: requer a identificação do produto por item, série ou lote durante todos os estágios da produção, entrega e instalação.

Controle de processos: requer que todas as fases de processamento de um produto sejam controladas (por procedimentos, normas, etc.) e documentadas.

Inspeção e ensaios: requer que as matérias-primas sejam inspecionadas (por procedimentos documentados) antes de sua utilização.

Equipamentos de inspeção, medição e ensaios: requer procedimentos para a calibração/aferição, o controle e a manutenção destes equipamentos.

Situação da inspeção e ensaios: deve haver, no produto, algum indicador que demonstre por quais inspeções e ensaios ele passou e se foi aprovado ou não.

Controle de produto não conforme: requer procedimentos para assegurar que o produto não conforme aos requisitos especificados é impedido de ser utilizado inadvertidamente.

Ação corretiva: exige a investigação e análise das causas de produtos não conformes e adoção de medidas para prevenir a reincidência destas não conformidades.

Manuseio, armazenamento, embalagem e expedição: requer a existência de procedimentos para o manuseio, o armazenamento, a embalagem e a expedição dos produtos.

Registros da qualidade: devem ser mantidos registros da qualidade ao longo de todo o processo de produção. Estes devem ser devidamente arquivados e protegidos contra danos e extravios.

Auditorias internas da qualidade: deve-se implantar um sistema de avaliação do programa da qualidade.

Treinamento: devem ser estabelecidos programas de treinamento para manter, atualizar e ampliar os conhecimentos e as habilidades dos funcionários.

Assistência técnica: requer procedimentos para garantir a assistência a clientes.

Técnicas estatísticas: devem ser utilizadas técnicas estatísticas adequadas para verificar a aceitabilidade da capacidade do processo e as características do produto.

Analisando estes critérios, nota-se que o ponto central de um sistema de gestão da qualidade baseada nas normas ISO 9000 é a apropriada documentação deste sistema.

Como são as normas ISO série 9000

Existem dois tipos de normas ISO: guias (diretrizes) ou modelos de conformidade para garantia da qualidade.

Normas do tipo "guia" - ISO 9000 e 9004

Conjuntos de recomendações relacionadas ao estabelecimento de um sistema da qualidade eficaz, visando certificar a organização em um dos modelos de conformidade;

Normas do tipo "modelo de conformidade" - ISO 9001, 9002 e 9003

Normas que deverão ser cumpridas para que a organização seja certificada.

Normas guia:

ISO 9000 - esclarece diferenças e inter-relações entre os principais conceitos da qualidade; fornece diretrizes para seleção, uso e aplicação das demais normas da série, que podem ser utilizadas para o gerenciamento da qualidade e a garantia da qualidade.

ISO 9004 - fornece diretrizes para implantar e implementar o sistema da qualidade: fatores técnicos, administrativos e humanos que afetem a qualidade de produtos ou serviços; aprimoramento da qualidade; referência para o desenvolvimento e implementação de um sistema da qualidade e para a determinação da extensão em que cada elemento desse sistema pode ser aplicado.

ISO 9001 - garantia da qualidade em projetos / desenvolvimento, produção, instalação e assistência técnica. É a mais abrangente, compreendendo todos os processos da empresa.

ISO 9002 - garantia da qualidade na produção, instalação e assistência técnica;

ISO 9003 - garantia da qualidade na inspeção e ensaio final. É o mais simples.

A seleção do modelo adequado depende de fatores como: o grau de parceria com o cliente, a economia, a complexidade e maturidade do projeto, a complexidade do processo produtivo, as características do produto ou serviço, dentre outros.

Certificadoras

Inicialmente o Inmetro (Instituto Nacional de Metrologia Normalização e Qualidade Industrial) ficou responsável por certificar as empresas. Mas depois, seguindo uma tendência mundial, ele deixou de ter essa função e começou a credenciar instituições para fazer isso. Assim, existem em torno de três entidades brasileiras que estão credenciadas. A Fundação Vanzolini foi a primeira delas, quando obteve o credenciamento em 1990. As outras entidades certificadoras são a União Certificadora e a Associação Brasileira de Normas Técnicas. Mas há também várias empresas internacionais concedendo certificação ISO 9000 no Brasil. No total devemos ter umas 20 empresas certificadoras no País:

ABNT Associação Brasileira de Normas Técnicas

ABS Quality Evaluations RJ

ABS Quality Evaluations SP

BRTUV (TUV CERT) (Alemanha) RJ

BRTUV (TUV CERT) (Alemanha) SP

BVQI do Brasil Sociedade Certificadora Ltda.

DNV Det Norske Veritas Soc. Class. de Navios Ltda

DQS do Brasil S/C Ltda.

Fundação Carlos Alberto Vanzolini

Germanischer Lloyd do Brasil Ltda

Lloyd's Register Quality Assurance RJ

Lloyd's Register Quality Assurance SP

SGS ICS Certificadora LTDA.

UCIEE - União Certificadora

Custo e prazo de certificação

O custo de certificação varia conforme cada certificadora, quantidade de unidades, complexidade do processo em questão, abrangência do certificado, ou seja, por quantos países ela é reconhecida, etc. Em valores estimados (variam de empresa a empresa):

- Micro e pequenas empresas com menos de 30 funcionários: entre R$ 5.000,00 e R$ 8.000,00 por um período de três anos.
- Pequenas empresas: de R$ 8.000,00 a R$ 12.000,00 por um período de três anos.
- Médias empresas: de R$ 12.000,00 a R$ 20.000,00 por um período de três anos.

Os prazos de certificação dependem do grau de implementação do sistema da qualidade. Normalmente tem variado entre 12 e 24 meses. A empresa uma vez certificada deve zelar pela manutenção deste, pois perder um certificado pode ser muito mais danoso para uma empresa do que não tê-lo. O processo de implementação pode durar de alguns meses a dois anos, dependendo do tamanho da empresa e, principalmente, da existência de um sistema da qualidade e do seu grau de desenvolvimento. Alguns dos órgãos certificadores possuem programas de consultoria para auxiliar as empresas durante o processo de implementação. Caso a empresa opte por um destes programas ela deverá, entretanto, escolher outro órgão certificador para avaliar e certificar o seu sistema da qualidade, pois seria antiético um órgão certificador avaliar e certificar um sistema da qualidade que ele mesmo ajudou a implementar.

Vantagens e Desvantagens

As normas ISO são genéricas, não se prendem a um produto ou um setor em particular, mas tratam da avaliação do processo produtivo como um todo, qualquer que seja ele. Essas normas foram denominadas série ISO 9000. O sucesso dessas normas resultou fundamentalmente de dois fatores. Em primeiro lugar, o movimento de globalização da economia, que levou à constituição de produtos mundiais, tanto no que se refere à utilização de componentes oriundos dos mais variados rincões, como quanto ao uso dos mesmos. Portanto, tornou-se extremamente importante a existência de uma marca que permitisse reconhecer que o fornecedor tem seu processo de produção minimamente controlado. Como segundo fator contributivo, a qualidade de avaliações feitas por computadores em seus fornecedores, utilizando-se de especificações diversas e em lugares cada vez mais distantes, tornou-se muito onerosa. Assim, mostrou-se altamente conveniente uma norma reconhecida mundialmente que permitisse a avaliação dos fornecedores por entidades independentes da relação contratual. Daí o sucesso do certificado ISO 9000. Pelo seu caráter sistêmico, as normas da série ISO 9000 não tratam diretamente da qualidade de produtos. Asseguram, entretanto, a estabilidade do seu processo de produção. A título de ilustração, pode-se dizer que o certificado ISO 9000 não garante que o vinho de uma determinada vinícola seja mais saboroso que o de outra não certificada, entretanto garantirá a manutenção de suas características.

O que as empresas ganham com o ISO 9000

Além dos motivos óbvios de manter seus clientes e conquistar novos mercados, a implantação da ISO 9000 na empresa promove os seguintes ganhos, entre outros:

- Foco no Cliente;
- Eliminação de fluxos irracionais ou desnecessários;
- Aproximação das áreas e eliminação de barreiras internas;
- A empresa é vista pelos funcionários com um todo;
- Aumento do desempenho da empresa;
- Redução do desperdício;
- Aumento da participação dos funcionários;
- Ações baseadas em fatos e não em opiniões;
- Ênfase nas causas dos problemas e não nos "culpados";
- Aumento da capacitação dos funcionários;
- Uniformidade e clareza de conceitos;
- Cria uma cultura voltada para a Qualidade;
- Cria bases sólidas para programas de Qualidade total.

Há muitos outros ganhos possíveis. Por estes e outros motivos é que as normas ISO 9000 vem tendo no mundo inteiro ampla aceitação. Um processo que se inicie pela implementação de requisitos mínimos das normas ISO

9000 faz com que ocorram, paralelamente, outros processos fundamentais à qualidade:

- Criação de um novo conceito de administração;
- Mudança comportamental dos colaboradores;
- Início de um processo de potencialização dos funcionários;
- Melhorias contínuas e quebra de barreiras interdepartamentais;
- Estabelecimento de uma carteira de clientes/fornecedores internos.

Estas são, entre outras, algumas das transformações pelas quais a empresa passa durante um processo de implementação das normas ISO 9000, podendo-se ainda ressaltar o treinamento e a capacitação dos colaboradores e a abertura de canais de comunicação com os fornecedores, com destaque para a parceria.

CAPÍTULO 22

A GESTÃO

Embora não seja possível encontrar uma definição universalmente aceita para o conceito de gestão e, por outro lado, apesar deste ter evoluído muito ao longo do último século, existe algum consenso relativamente a que este deva incluir obrigatoriamente um conjunto de tarefas que procuram garantir a afetação eficaz de todos os recursos disponibilizados pela organização a fim de serem atingidos os objetivos pré-determinados.

Em outras palavras, cabe à gestão a otimização do funcionamento das organizações através da tomada de decisões racionais e fundamentadas na coleta e tratamento de dados e informação relevante e, por essa via, contribuir para o seu desenvolvimento e para a satisfação dos interesses de todos os seus colaboradores e proprietários e para a satisfação de necessidades da sociedade em geral ou de um grupo em particular.

De acordo com o conceito clássico inicialmente desenvolvido por Henry Fayol, compete à gestão atuar através de atividades de planejamento, organização, liderança e controle de forma a atingir os objetivos organizacionais pré-determinados.

Para desempenhar as funções descritas acima, os gestores recorrem muitas vezes à técnicas já experimentadas e demonstradas cientificamente. Por outro lado, utilizam também conhecimentos de diversas disciplinas científicas tais como a matemática, as ciências sociais e humanas, a economia, o direito, entre outras. Daqui concluímos que a gestão pode ser considerada uma ciência na medida em que comporta uma acentuada componente científica.

Contudo, a gestão não pode ser considerada como uma ciência na verdadeira concepção da palavra, pois as teorias gerais demonstradas cientificamente raramente são suficientes para o processo de tomada de decisões. É também necessário algum conhecimento empírico (alguns a chamam de arte) de forma a preencher a distância que separa as teorias gerais da realidade vivida em cada organização. Deriva daqui a importância da experiência e do convívio com as situações concretas vividas diariamente no local onde se desenrola a ação. Esta é uma das principais razões apresentadas pelos defensores da realização de estágios práticos após a aquisição dos conhecimentos técnicos durante o período escolar.

Gestão de Pessoas é uma área muito sensível à mentalidade que predomina nas organizações. Ela é contingencial e situacional, pois depende de vários aspectos coma a cultura que existe em cada organização, a estrutura organizacional adotada, as características do contexto ambiental, o negócio da organização, a tecnologia utilizada, os processos internos e uma infinidade de outras variáveis importantes.

O que é a Gestão de Pessoas?

Em seu trabalho, cada administrador — seja ele, um diretor, gerente, chefe ou supervisor — desempenha as quatro funções administrativas que constituem o processo administrativo: planejar, organizar, dirigir e controlar.

A importância das pessoas nas Organizações:

Qual a importância das organizações em ter líderes, preparados para liderar pessoas. Liderança é uma das maiores competência nos dias de hoje, pessoas com visão, habilidades de relacionamento, boa comunicação, com a capacidade de desenvolver líderes para influenciar e motivar pessoas é o maior patrimônio das organizações.

As instituições não funcionam sozinhas, os cargos que fazem parte do plano de carreira não têm vida própria. Equipes, empresas, corporações ou governos é resultado do trabalho de um grupo de pessoas. Empresas não têm sucesso, pessoas sim. Pessoas são importantes nas corporações, nas empresas no governo ou em qualquer outra instituição, Robert W. Woodruff, ex-diretor executivo da Coca-Cola diz: "... são as pessoas e suas reações que fazem as empresas serem bem-sucedidas ou quebrar".

No mundo globalizado muito se fala em diferencial competitivo, neste processo existem vários fatores que influenciam a tecnologia, os orçamentos milionários as metodologias de desenvolvimento de novos projetos, novos métodos de gerenciamento tudo isso são alguns dos fatores essenciais para o diferencial competitivo e o crescimento de qualquer organização, mas só farão diferença aqueles que investirem no desenvolvimento de pessoas, com equipes de alto desempenho, formando líderes capazes de criar ambientes ideais que façam com que as pessoas dêem o melhor de si e expressam o que há de melhor como potencial. Quando uma organização passa por dificuldade não se troca o nome da empresa ou as suas instalações, troca-se as pessoas, procura-se um novo gerente um novo CEO, ou seja, uma nova liderança. Quando a seleção brasileira de futebol não corresponde às expectativas a CBF procura um novo técnico de futebol, ai se percebe a importância das pessoas dentro das organizações. Quando as pessoas são motivadas a usar o que têm de melhor de si as qualidades individuais aparecem.

O papel do líder dentro das organizações é extremamente importante, líder com uma liderança afirmadora, que sejam os melhores "animadores de torcida" das pessoas, seus melhores incentivadores! Devem ser capazes de dizer-lhes: "Vocês podem voar! Eu as ajudo" e não ficar esperando que cometam um erro para repreendê-las.

No mundo globalizado a diferença será feita pelas pessoas que compõem o organismo das organizações, indivíduos com capacidade de comunicação, espírito de equipe, liderança, percepção da relação custo-benefício e foco em resultados. Gente que tenha iniciativa, vontade de assumir riscos e agilidade na adaptação a novas situações, através do comprometimento, motivação, disciplina a busca constante de conhecimento e da habilidade no relacionamento pessoal. E quanto mais as pessoas assumirem esses papéis, mais fortes se tornarão as organizações.

CAPÍTULO 23

O SEU DEVER

Não faça de seu lugar de estudo ou trabalho, um centro de lazer; e sim, um local onde suas obrigações serão: aprender, trabalhar e aperfeiçoar-se.

Nunca permita que o sistema ineficiente das empresas, ou do próprio país, o corrompa. Preserve sua honestidade e profissionalismo.

Lute sempre para ser o melhor no que faz, e certamente isto garantirá seu sucesso profissional e financeiro, além, de proporcionar-lhe a verdadeira realização.

CAPÍTULO 24

SIMULAÇÃO DE SITUAÇÕES

Em uma casa no lado oeste da cidade, a família Northon toma café da manhã.

– Vamos Paulinho já está atrasado! – Gritou a mãe ao passar correndo pela cozinha, chegando à porta da sala.

– Não vai dar prá tomar café mãe, tenho que chegar a faculdade e estudar para a prova - deu um beijo rápido na mãe que balançou a cabeça negativamente.

– Espero que essa correria valha a pena...

– Vai valer a pena sim Joana – afirmou o marido.

Correndo, Paulinho entrou no ônibus que levava os alunos para a faculdade, e logo que sentou abriu um dos livros. Apesar dos solavancos, só parou de ler quando o ônibus parou.

– E aí Paulinho, será que vai dar?

– Tem que dar Miriam, nunca estudei tanto na minha vida – respondeu, enquanto entravam em um dos prédios.

164 | Orientações para seu Sucesso Profissional

Algum tempo depois...

– Agora é só ganhar dinheiro! – Sussurrou depois que se virou com o diploma na mão.

Dias mais tarde, lá estava Paulinho folheando os classificados em busca de uma vaga:

Precisa-se de engenheiro Mecânico, recém-formado para atuar em Multinacional do ramo automobilístico. Dizia um anúncio.

– Esse não escapa! - Entusiasmou-se com o anúncio e no dia marcado compareceu no local marcado.

– Carteira profissional, registro de engenheiro e o diploma – pediu o funcionário da portaria.

– Aqui estão – Paulinho entregou os documentos, cheio de orgulho.

Os documentos de Paulinho foram levados para dentro da empresa, juntamente com outros tantos. Duas horas depois, apareceu uma moça com os documentos na mão.

– As pessoas que eu chamar, por favor, aguardem aqui do lado – apontou para uma pequena sala do lado de dentro – Michel, Maurício e Luvanor. – Os demais podem pegar seus documentos com o guarda e aguardar, se precisar entraremos em contato.

– Por que será que eu não fui escolhido? – Indagou cabisbaixo. – Isso não é justo, nem conversaram comigo, prosseguiu balançando a cabeça e chutando o que não tinha para chutar.

Muitas outras vezes Paulinho repetiu esta cena, e não entendia porque não teve nenhuma resposta dos trinta e dois currículos que enviou em seis meses.

– Vamos Paulinho, vai perder a hora do curso – ele continuou cabisbaixo e com as mãos entrelaçadas. – Por que esta tristeza meu filho?

– Desculpe mãe, não entendi o que disse...

– Filho. Não desanime – ele ergueu o olhar. – Eu e seu pai acreditamos muito em você – ele a abraçou com muita força e chorou como se fosse uma criança.

Em uma segunda-feira, por volta das dezesseis horas, Paulo andava por uma das ruas da cidade procurando não pensar nas muitas respostas negativas que obtivera durante o dia, quando de repente o barulho de uma buzina o despertou. Virou-se lentamente e a imagem de um Honda o fez suspirar, em seguida, voltou a caminhar.

–Hei cara! Não se lembra mais de mim? – Perguntou o motorista de dentro de seu carro.

– Alex, como vai? – Aproximou-se do carro.

– Estou bem! Entre ai, vamos tomar uns negócios – abriu a porta e Paulo entrou.

Em uma lanchonete no centro da cidade, os amigos tomavam umas cervejas e relembravam o passado:

– Então você não foi para os Estados Unidos, Alex?

– Para lá eu fui, mas não pra estudar - soltou uma gargalhada e abraçou Paulinho. – O que anda fazendo para extravasar a inteligência?

– Procurando emprego desde que terminei a faculdade.

– Como? – Indignou-se. - Um cara como você não consegue arrumar emprego?

– Pois é Alex, mas vamos deixar isto pra lá – encheu os copos de cerveja e brindaram. Passava das onze, quando Alex deixou o amigo em casa.

– Segunda-feira te espero neste endereço. Estamos precisando de alguém que realmente trabalhe por lá – apertaram as mãos e Paulo entrou olhando para o cartão que o amigo lhe deu.

Na segunda-feira, Paulo admirou-se ao se aproximar da empresa do pai de Alex. O motivo da admiração era justificado, pois a NETSH Corporation era uma empresa que ocupava uma área de 40.000 m2 com prédios muito bem distribuídos, e com um projeto arquitetônico futurista. Pensando nas várias respostas negativas, Paulo hesitou antes de se identificar na portaria.

– O Sr. Alex está?

– Não. O doutor Alexandre só chega depois das treze, mas o doutor Joseph vai atender o senhor – informou a moça com um belo sorriso no rosto, antes de levá-lo para um dos prédios.

Alguns minutos depois...

– Pode entrar Sr. Paulo.

– Com licença – pediu, olhando para a parte de cima da porta.

– Vamos garoto, não adotamos estes tipos de testes aqui – estendeu a mão.

– Muito prazer! Sente-se e vá me dizendo o que sabe fazer, pois isto é o que interessa, o resto nós ensinamos.

Nervoso, Paulo descreveu seus conhecimentos, sempre frisando que a única experiência era o estágio que fez enquanto ainda estudava.

– Então não possui experiência? – Joseph levantou e caminhou até a janela, ficando de costa para Paulo que não conseguiu evitar o frio na barriga. - Você quer mesmo trabalhar?

– Sim, muito

– Não tenho nenhuma vaga de engenheiro e mesmo que tivesse, apesar de seus conhecimentos não poderia contratá-lo, pois não tem bagagem. A vaga que tenho é de auxiliar de custos. Se aceitar, poderá chegar onde deseja; colocou a mão nos ombros de Paulo.

– Sim, eu aceito...

– Vá com calma rapaz. Vá para casa, pense e daqui dois dias, se ainda pensar como agora, volte. As decisões apressadas podem nos trazer arrependimentos futuros.

Dois dias depois, lá estava Paulo, ansioso por seu primeiro dia de trabalho.

Os anos se passaram e Paulo foi adquirindo a experiência necessária e não se cansava de surpreender com as coisas que não aprendera na universidade. Também se surpreendia com o conhecimento daqueles que só possuíam ensino fundamental e que na prática eram melhores professores que os que teve. Inteligentemente foi associando a teoria que aprendera com a prática dos mais velhos, que com o tempo passaram a respeitá-lo.

Ocupou muitos cargos dentro da empresa, e em todos sempre se dedicou ao máximo e estava sendo indicado para ser um dos gerentes da Netsh.

– Não sei se posso assumir tantas responsabilidades – temeu diante da possibilidade.

– Claro que pode Paulo. Você é o melhor e só por isso o indiquei – disse Gutierrez, o gerente que estava deixando a empresa. Vou aproveitar melhor minha aposentadoria, sabendo que alguém dará prosseguimento ao trabalho que desenvolvi durante todos estes anos.

– Deixe de onda Paulinho, vá em frente. O departamento ficará em boas mãos – afirmou Alex – além do mais, vai ganhar mais e não precisarei pagar cervejas; elas ficarão por sua conta.

– Vou pensar na proposta.

– Isso mesmo Paulo. Nunca aceite uma proposta sem que antes tenha certeza de que ela é a melhor.

Por seis anos, Paulo permaneceu como gerente de engenharia e aprendeu que ser subordinado era muito mais fácil, pois as decisões não dependiam dele. Porém, com muita sabedoria foi eliminando todos os seus medos e com sua ajuda, a empresa prosperou ainda mais. Coincidentemente no dia de seu aniversário, foi chamado à sala do Dr. Joseph e Dr. Alexandre, onde recebeu a notícia que seria promovido a gerente geral da empresa

– Obrigado pela confiança, senhores!

– Não tem porque agradecer, só estamos lhe dando o que você conquistou com o trabalho e capacidade – Joseph, sorriu enquanto apertava-lhe a mão. – Agora arregace as mangas e nos ajude a descobrir algumas coisas que não estão cheirando bem... – completou Alex.

Eles continuaram reunidos, até quase de madrugada.

– Nossa quanta papelada! – Resmungou Paulo, revirando os papéis sobre a mesa, e em seguida, encostou-se a sua nova cadeira antes de pegar o telefone. – Cláudia, preciso de um curso de administração, pesquise, por favor, e me indique o melhor. Obrigado – desligou e voltou a revirar os papéis com o objetivo de organizá-los. – Estes currículos eu deixarei para ver por último – deu mais atenção aos outros documentos.

Enquanto isso...

– Não desanime Carlos, alguém vai ler seu currículo.

– Eu não me conformo Janete. Faz mais de sessenta dias que enviei o currículo para a Netsh! – Bateu com força sobre a mesa – possuo muito mais conhecimento do que pediam no jornal.

– Calma querido, você vai ter sua chance. Você é o melhor – incentivou a esposa, diante do desânimo do marido.

Horas mais tarde na casa de Paulo...

– Como pude fazer isso?!

– O que você fez Paulinho? – Quis saber, ansiosa, a mãe.

– Eu recriminei tantas pessoas por não me darem uma chance, e hoje sequer dei atenção necessária aos currículos que estavam sobre a minha mesa.

– Aonde vai meu filho?

– Reparar um erro pai, reparar um erro. Vou ler aqueles currículos e quem sabe autorizar algumas contratações que estamos precisando – saiu fechando a porta.

Na manhã seguinte, um carro da Netsh parou em frente à casa de Carlos...

– Bom dia senhora, o Sr. Carlos Santiago está?

– Sim ele está. Um momento, vou chamá-lo.

– Sr. Carlos, pode me acompanhar a Netsh.

– Se eu posso? É lógico que posso! – Voltou correndo para dentro, trocou de roupa e seguiu para a Netsh.

Depois de acertar tudo com o departamento de pessoal, Carlos foi levado para a sala de Paulo e saiu muito feliz por tudo, principalmente porque um homem com tanto poder ter tido a humildade de lhe pedir desculpa, pela empresa demorar tanto para lhe dar uma resposta.

– Preciso de sua aprovação Paulo, neste requerimento para iniciar o processo de seleção para a secretária que ficará no lugar de Rute.

– Pois não Pierre – assinou o documento. – Vamos acertar em nossa reunião de quinta a eliminação desta burocracia, certo? – Pensou por um instante, olhando para a porta que acabara de se fechar. - Preciso ler com mais atenção o que assino – pensou novamente – pode ser ai nossa falha...

Das quarenta candidatas, Pierre selecionou duas. Michele foi a primeira a entrar na sala:

– Com licença senhor? – Entrou na sala, indo sentar em uma das poltronas.

– Me chame apenas de Pierre – pediu maliciosamente, enquanto admirava o belo corpo da candidata em sua roupa muito sensual.

Percebendo que o entrevistador não tirava os olhos de suas pernas, descruzou-as e colocou a mão sobre o vestido. Sem perder tempo, ele dirigiu o olhar para os seios da moça, que envergonhada baixou o olhar e nem percebeu sua aproximação.

– Como já sabe Michele, emprego nos dias de hoje é muito difícil – colocou um dos dedos no decote do vestido – o emprego só não será seu se não quiser – piscou o olho esquerdo.

– O que o senhor pensa que eu sou? – Levantou-se bruscamente.

– Não penso nada! Acho que me entendeu mal senhorita – gaguejou. – Para acabarmos com este mal entendido, vamos jantar juntos hoje à noite?

–Eu aceito Pierre, mas posso pedir uma coisa?

– Peça o que quiser meu amor!

– Posso levar meu pai junto? – Saiu da sala sem esperar pela resposta, e já do lado de fora da empresa desabafou. – Nojento, como pode pensar que me venderia por um emprego? Não foi pra isso que eu estudei...desgraçado!...

Na sala de Pierre...

– Como sabe Cláudia, emprego nos dias de hoje está muito difícil – aproximou-se da jovem que usava um enorme casaco que só deixava a mostra seus tornozelos – Para conseguir um emprego, um bom emprego, é preciso certo esforço, piscou novamente.

Cláudia levantou-se rapidamente e afastou-se...

– Este esforço basta? – Abriu o casaco e o deixou cair. Pierre permaneceu olhando para o corpo nu da jovem.

– Quero me esforçar ao máximo para não perder esse emprego. – Deitou-se sobre o belo carpete que mais parecia um colchão.

– Já disse que preciso de um carro para hoje a tarde. –Andrew mudou o telefone de lado. – Não, não posso deixar para amanhã! Preciso aprovar o sistema de propaganda para nosso novo produto – um breve silêncio. – Ótimo, ótimo! – Levantou-se e foi para a sala de Paulo. – Não estarei aqui à tarde. Vou a J&Z para fiscalizar o trabalho deles.

– Nem precisava me avisar Andrew...

– Não quero fazer como muitos aqui que saem sem motivo nenhum, procuro sempre colaborar com meus superiores e a empresa.

– Nós agradecemos muito sua lealdade e dedicação, Andrew.

– Então já estou indo – foi até a porta. – A empresa esta funcionando melhor depois que o senhor assumiu a gerência...

– Agradeço Andrew, mas temos muitas coisas por fazer. Vai levar o Carlos junto?

– Não vou sozinho, ele ainda não está preparado para certas coisas – sorriu – até logo.

– Até.

Na J&Z propaganda...

– Mande tudo para minha empresa e lá eu analisarei com mais calma – ordenou arrogante.

– Mas Andrew, veio até aqui só pra pedir que despachássemos o ante projeto para vocês. Achava que...

– Não tenho que lhe dar satisfações! Vocês são pagos para trabalhar para nós, caso ainda queiram permanecer sejam meus amigos – bateu no ombro de Vinícius. – Lembre-se que eu dou as cartas na Netsh – afastou-se. – Se ligarem de lá mande dizer que estamos em reunião – saiu batendo a porta.

Trinta minutos depois, Andrew encontrou-se com uma jovem e entraram em um dos motéis localizado na saída da cidade...

Enquanto isso na Netsh...

– Esta reunião é para comunicar que a partir do dia dez, algumas pessoas serão dispensadas, outras promovidas e algumas contratadas. Isto será o início de uma fase dentro de nossa empresa.

Diante dos nomes divulgados por Paulo na presença de Joseph e Alex, muitos que participavam da reunião ficaram boquiabertos.

Dias depois foi apresentada a lista:

Dispensados	*Contratados / Promovidos*
Andrew	Carlos
Pierre	Wilson
Cláudia	Michele
Pedro	Carlos II
Corina	Márcia

Já disse que não vou fazer horas extras! – Gritava um funcionário quando Paulo fazia uma de suas rotineiras vistorias ao setor produtivo. Apesar de ouvir, ele não interferiu e seguiu sua rotina. Momentos mais tarde em sua sala, o telefone tocou:

– Pode falar Júlio – ouviu atentamente

– Posso falar com este funcionário antes que o dispensemos, pode ser que consiga fazer com que mude de ideia – ouviu novamente – está bem, eu os aguardo; até mais.

Mais tarde...

– Vejo por seus cartões que sempre foi o que mais fez horas extras em nossa empresa. Somente do início deste mês para cá é que vem recusando e faltando diversos dias sem justificativa – o funcionário permaneceu em silêncio. - Isto é devido ao convite da Carbuss, que me ligou para pedir informações sobre sua conduta dentro de nossa empresa. O que devo dizer a eles, que você é um funcionário que ao receber uma proposta, começa provocar situações para ser dispensado?

– Não. Não senhor – gaguejou.

– Nunca se precipite, pois com o aumento que daremos a partir do dia primeiro, você vai ganhar 15% a mais do que lhe ofereceram. É importante que saiba que Julius vai mudar de setor e tinha indicado você para preencher o cargo dele – Paulo pensou por um instante. - O que devo fazer? Assino a sua dispensa ou aguardo para comprovar que o que aconteceu foi apenas um fato que não voltará a se repetir?

O silêncio e o semblante arrependido do rapaz demonstrava que ele continuaria na Netsh.

– Obrigado Doutor. – levantou-se.

– Não me agradeça e aprenda a comunicar-se mais. Isto fará parte da sua nova função. Quando provar que realmente entendeu o significado de nossa conversa lhe daremos a promoção. Certo Julius?

– Sim. Certo.

– Obrigado doutor Paulo. Obrigado Julius. Não se arrependerão... Muito obrigado... – deixou a sala.

Paulo e Julius se entreolharam e deram um sorriso de satisfação. Neste dia, Lauro trabalhou até as vinte e três horas.

Em um restaurante, Alex esperava por Paulo que havia combinado encontrá-lo depois que saísse do curso de mercado externo.

– Não sei como aguenta tantos cursos meu amigo!

– Estudar me faz bem – sentou-se.

Depois de terminarem o jantar...

– Conhece Klinger há muito tempo, não é Alex?

– Sim ele praticamente me carregou no colo. Porque essa pergunta agora?

– Vou direto ao assunto – olhou fixamente para o amigo. – Ele é a pessoa que está roubando a Netsh...

– O que? Ficou louco?

– Não meu amigo e tenho como provar suas falsificações de documentos...

– Você pode provar isto? – Indagou como se não tivesse ouvido a frase anterior.

– Sim. Não faria uma acusação desta sem dispor de provas!

– Então vamos. – Levantou-se nervoso e ao sair quase derrubou algumas mesas.

Depois de apanharem Joseph às uma e quinze da madrugada, foram para a empresa. Diante das evidências apresentadas por Paulo, pai e filho, silenciaram-se por um bom tempo.

– Como ele pode fazer isso comigo, praticamente crescemos juntos? – Lamentou Joseph, olhando para um velho quadro na parede com a foto dos dois ainda jovens.

No dia seguinte, Joseph cuidou ele próprio da demissão de Klinger, que saiu sem que ninguém percebesse.